読書の愉しみ

中村稔

青土社

読書の愉しみ　目次

読書の愉しみ

イザベラ・バード『日本紀行』について（その一）

イザベラ・バードに『日本紀行』と『朝鮮紀行』がある。いずれも講談社学術文庫版・時岡敬子訳である。両書とも興趣ふかいし、両書に描かれた日本人と朝鮮人の比較、日本の政治・社会と朝鮮の政治・社会の対比も興味ふかい。ただ、『日本紀行』は一八七八（明治十一）年の日本紀行記であり、『朝鮮紀行』は一八九四（明治二十七）年から一八九七年にかけて訪れた四度の朝鮮旅行の見聞にもとづく紀行文だが、一八九五年の閔妃殺害事件の前後の朝鮮、李王朝末期の政治社会情勢に多く筆を費しており、旅行記としての記述は少ない。『日本紀行』は書簡体で旅行の状況を記しているが、『朝鮮紀行』は朝鮮社会に対する批評・評論という性格がつよい。それ故、両者は時代も違い、『日本紀行』は日本人に対する人間観察、日本社会の観察が感興をそそるが、『朝鮮紀行』は人間観察の記述は比較的に乏しいので、両書を対比して感想を述べるのは適当でない。

そこで『日本紀行』の読後感だけをまず記すこととするが、同書は上下二巻、下巻の前半は北海道のアイヌを訪ねた記録であり、後半は主として関西の観光旅行であり、さしあたり、私は上巻の記述にもとづき、明治初期に訪れたイギリス人が日本人をどう見たか、その感想について私自身の見解を述べてみたい。

それというのも、私は多年、明治維新前に来日し、開国を迫った欧米先進諸国の人々の回想録、たとえばタウンゼント・ハリス『日本滞在記』、アーネスト・サトウ『一外交官の見た明治維新』など、翻訳されている限り、目にふれるものを渉猟してきた。それらに描かれた徳川幕府の高官たちの未熟ながら苦渋にみちた外交交渉や薩長をはじめとするいわゆる志士たちの思想の変化などを興味ふかく読んできた。しかし、これらには日本の庶民は描かれていない。開国後、日本を訪れた外国人によって、はじめて日本の庶民は観察され、記録された。私の記憶する限り、モース『日本その日その日』がその嚆矢となり、その後も多く翻訳されたが、イザベラ・バードの『日本紀行』ほど興趣ふかい書物は他に知らない。それは、彼女の高い知性により観察された日本人が歯に衣きせぬ率直な筆致で記されているからであった。バードの知性は「序章」の末尾の次の記述からも窺うことができる。

「現在遂行されつつある変革は日本政府に雇用された外国人と、欧米で数年学び、それぞれの能力に応じて選ばれた日本人との指揮下にある。政府は各部門で最も有能な補佐役を確保するためには手間も費用も惜しんではおらず、個人的その他の目的を推し進める私心のある門外漢から誤った助言を受けた例は、比較的わずかなものでしかない。一時は約五〇〇人の外国人が政府に雇われていたこともあり、彼らが立腹・憤怒したことはあったとしても、雇用契約の条件は忠実に守られたのである。お雇い外国人紳士たちの何人かはその短い雇用期間中、仰々しい肩書きを授かっている。しかし彼らは助っ人としてのみ日本にいるのであり、実際の権限はなく、使用人であって主人ではないこと、重要な例外一件をのぞいて、彼らの人材養成への意欲と技量・手腕が大きければ大きいほど、その仕事は早く終わり、部門の運営がつぎからつぎへと、外国人の手から日本人の手へ移っていくことを忘れてはならない。お雇い外国人を引きとめておくことは発展の計画にはない。「日本人のための日本」が日本の愛国主義のモットーなのである。「野蛮人」は利用し、できるだけ早く御用済みにすべきものなのである」。

右の文章にいう「重要な例外一件」とは何か、私には分からないし、バードは来日してすぐハリー・パークスらに会っているから、彼らから教えられていることも彼女の見解の基礎になっているかもしれない。それにしても、明治維新政府の非情で賢明なお雇い外国人政策をこのように明確に認識するには、高度の知性を要するはずである。

バードはまた「序章」で「多くのヨーロッパ人が日本の発展は「模倣」だとあざ笑い、清国人と朝鮮人は日本の発展を怒りもあらわに、また嫉妬混じりに眺めているが、それでも日本はみずからの進路を保持している」とも書いている。

当否は別として、もう二節「序章」から引用すると、バードは次のように記している。

「日本は「東洋的壮麗さ」の枠から外れている。彩色や金箔は寺社でしか見られないし、宮殿も一般住宅も灰色の木材を使っている点は同じである。建築学はほとんど存在せず、富はあるとしても外に表れない。くすんだ青、茶色、灰色が通常用いられる衣服の色である。宝飾品は身につけない。なにもかもが貧弱で迫力がなく、どの町も単調で地味を特徴としている。

開港場の日本人は外国人との交流のせいで品位が落ち、下卑ている。内陸の人々は「野蛮人」とはおよそほど遠く、親切でやさしくて礼儀正しい。わたしがそうしたように、女性が現地人の従者以外にお供をだれもつけずに外国人のほとんど訪れない地方を一二〇〇マイル旅しても、無礼な扱いや強奪行為にはただの一度も遭わずにすむのである」。
「建築学はほとんど存在せず」というのはバードの誤解とみることもできるが、反面、ゴチックの大聖堂のような建築物を建築する学問が発達しなかったことは事実である。ただし、これは建築材料の違いによるであろう。「宝飾品は身につけない」というが、欧米でも宝飾品を身につけるのは富裕な階級の女性に限られるだろうし、そうした女性たちもダイアモンド・ルビー・エメラルドなどの宝石を始終身につけるわけではない。日本の女性もそれなりの身廻品で着かざることはあるのだが、バードの眼につかなかったのであろう。そうした些細な点を除けば、バードがいうことは、日本の建物も衣服も街並みもすべて地味で単調であり、治安が行届いている、ということであり、そう間違っているわけではない。かなりに確かな観察眼の持主とみるべきであろう。

*

「上陸してつぎにわたしが感心したのは、浮浪者がひとりもいないこと、そして通りで見かける小柄で、醜くて、親切そうで、しなびていて、がに股で、猫背で、胸のへこんだ貧相な人々には、全員それぞれ気にかけるべきなんらかの自分の仕事というものがあったことです。上陸用の段々を上がったところには、移動のできるレストラン〔屋台〕があり、これはとてもコンパクトにまとまった案配のいいもので、七輪、調理器具と食器の一切が備わっています。ただし人形のために人形がつくったように見え、これの持ち主である小人は身長が五フィート〔約一五二センチ〕ないのです。税関でわたしたちに応対したのは、洋式の青い制服に革の長靴をはいた小さな役人たちでした。とても礼儀正しい人々で、わたしたちのトランクを開けて入念に中身を調べてからまたふたを閉め、ニューヨークで同じ検査をした横柄で強欲な役人たちとは小気味のよい対照を示していました」。

『朝鮮紀行』では、東学党の乱にさいし、日本政府はいち早く六千人の軍隊を朝鮮に派遣し、中国人の間にパニックがおこったが、「そのあいだにも、厳格に統制された折り目正しい矮人《こびと》の大隊は着実にソウルへと進軍しつつあった」と記している。『日本紀行』では、バードは日本人を「小人」と書き、『朝鮮紀行』では「矮人《こびと》」と書いている。バードは日本人の背の低いことによほど感銘をうけたようだが、同じ訳者が「小人」「矮人」と訳語を異にしていることをみると、英語でも別の言葉が用いられているのかもしれないが、「矮人」といわれると、侮蔑されているという感がつよい。

右の第一信では屋台の持主の身長が「五フィート〔約一五二センチ〕」と記し、「小人」と言っているが、第八信では、日本の男性の身長は「ふつう五フィートから五フィート五インチ〔約一五三―一六五センチ〕」と記している。私の父は一八九二（明治二十五）年生まれで、身長は百六十八センチほどであったが、父の世代では背が高い方であった。私も私の兄弟も父より約十センチ背が高い。私たちの世代では背が高い方である。私の祖父は一八六二（文久二）年生まれで、身長は百六十四センチほどであったが、祖父の世代では背が高い方であった。バードが来日し、彼女が会った日本人の多くは祖父の世代より若干年長の人々だったにちがいないから、バードの記述は正確とみてよい。

戦後、おそらく食生活の変化によるのだろうが、最近三、四十年間に日本人の身長はずいぶん高くなった。サッカーのワールド・カップをテレビ観戦していると、日本の選手の体格は欧米・アフリカ等の選手と比べ、はるかにひよわで見劣りする。日本の選手が欧米の選手と接触すると、鎧袖一触、吹っ飛ばされるように倒されるのを目にして、情なく思うことが多い。

イザベラ・バードはおそらく当時の平均的日本人より背が高かったのであろう。「小柄で、醜くて、親切そうで、しなびていて、がに股で、猫背で、胸のへこんだ貧相な」という表現の中で唯一の肯定的な形容詞は「親切そうで」だが、親切だと言っているわけではない。私の旧友で多年ドイツに駐在していた楠川徹が、久しぶりに日本の空港に降りたとき、何と平《ひら》べったい顔ばかりだろう、と感じたと話していたことがある。色が白く、鼻が高く、目鼻立ちのくっきりした欧米人と比し、一般的に日本人は「醜くて」といわれても仕方がないだろう。ただ、本当に美人といわれる女性の割合は欧米でも日本でも変りはないと私は信じている。

肉食を主とする狩猟民族である欧米人が血色がよく、穀物と魚を主食とする農耕民族である日本人が「しなびて」いることは事実であろう。最近はともかく、バードの時代には、ほとんど肉食しなかった日本人が「しなびて」見えたのも当然かもしれない。

がに股でO脚ということは、私自身も若干気にしているとおり、多くの日本人の通弊である。しかし、和風住宅で畳に坐ることの多かった時代より、洋風の椅子の生活が通常になった現在、体型も変ってきたのではないか。日本人には猫背が多いことは否定できない。ヒラリー・クリントンさんは、私には、いつも胸をつきだすような姿勢をとることを心がけているようにみえる。それがいかにも女性の権利を主張しているかのようである。女性に限らず、日本人は年をとるにしたがって背をかがめがちになるのは、戦前の農村の苛酷な労働は別として、おおむね謙抑だからだ、と思っている。

こうした容姿の指摘は内心の思想・信条と違い、事実である以上、反論できないから、私たちはそれだけ傷つくのだが、日本の税関吏が「横柄で強欲な」アメリカの税関吏と比べ小気味よい対照を示している、というのは、褒め言葉のようにみえるが、横柄でなく、強欲でないというのが当然なのだから、これはアメリカ人税関吏に対する非難であっても、日本人税関吏を褒めた言葉ではない。

そう読んでくると、バードはじつにつよい優越感をもち、かなりの日本人に対する侮蔑感をもって、はじめて日本人に接した、とみてよいだろう。

＊

ここからバードの『日本紀行』に移りたいのだが、その前に、中国人に関する記述があまりに面白いので第六信から引用する。

「横浜では小柄で薄着でおおかたが貧相な日本人とはまったく異なった種類の東洋人を見ない日はありません。日本在住の清国人二五〇〇人のうち一一〇〇人以上が横浜に住んでおり、もし突然いなくなるようなことがあれば、商取引はたちまち停止してしまうでしょう。ここでもほかと同じように、清国人移民は必要欠くべからざる存在となっています。まるで自分は支配する側の民族だというように、泰然自若とした態度で体を揺らしながら通りを歩いています。清国人は背が高くて体格がよく、重ね着をした上に錦織の立派な上衣を着て、足首のところを絞った繻子のズボンをわずかにのぞかせ、先のやや反った黒繻子の高靴をはいているので、実際の背よりさらに高く見えます。（中略）あごひげはその痕跡すらなく、肌はつやつやしています。あくまで裕福そうに見えます。外見は不愉快ではありませんが、天上人たる清国人として相手を見下しているという感じがします。（中略）生真面目で信頼でき、雇い主から金を奪うより搾り取るほうが満足できる――彼の人生の唯一の目的はカネなのです。カネのためなら、勤勉にも忠実にも禁欲的にもなり、ちゃんと報われるというわけです」。

さて、旅行に出かけるためには、日本語のできないバードは通訳を雇わなければならない。ヘボン式ローマ字で知られるヘプバーン博士の紹介の三人を面接した後、「なんの推薦状も持たない応募者が現れました」とあって、同じ第六信は次の文章に続く。

「まだたったの一八歳ですが、イギリスならこれは二三、四歳に相当しますし、身長は四フィート一〇インチ［約一四七センチ］しかないものの、がに股ながら、よく均整のとれた頑丈そうな体軀の持ち主です。顔は丸顔で妙にのっぺりしており、きれいな歯と細い目をしています。それに重そうに垂れたまぶたはまるで日本人によくあるまぶたを戯画化したようです。これまで会った日本人のなかでは一番愚鈍そうに見えましたが、でもときおり見せるちらりと盗みうかがうような視線から察すると、鈍感を装っているところがなきにしもあらずのようです。彼が言うには、アメリカ公使館にいたことがある、大阪鉄道の職員をやったことがある、植物採集家のマリーズ氏と東のルートを通って東北地方と北海道を旅した、植物を乾燥するのは知っている、料理は少しできる、英語が書ける、一日二五マイル［約四〇キロ］歩ける、内陸旅行のなんたるかを知っているとのこと！　この逸材の卵は推薦状を一通も持っておらず、それは祖父の家で火事があり、推薦状を焼いてしまったからだと弁解しました。マリーズ氏にいますぐ問い合わせられるわけでもなく、それ以上に、わたしはこの男が信用できず、気に入りませんでした。とはいえ、彼にはわたしの英語がわかり、わたしには彼の英語がわかります。それに早く旅に出たくてたまらなかったわたしは、月一二ドルで彼を雇うことにしました。その後すぐに彼は契約書を持ってもう一度やってきました。契約書には合意した賃金で忠実に仕えることを神明にかけて誓うと明記してあり、彼は捺印を、わたしは署名をしました。翌日彼から一ヵ月分の賃金を前払いしてほしいと頼まれて支払いましたが、ヘプバーン博士がわたしを慰めるようにおっしゃるには、あの男はもう来ないだろうね！

契約書を交わした厳粛な夜以来わたしは気をもんでいましたが、昨日彼が約束の時刻にちゃんと現れたので、まるで本物の「海の老人」〔『千夜一夜物語』「船乗りシンドバードの物語」に出てくる妖怪〕が自分の肩にしがみついたような気がしました。彼は猫のように音もなく階段を上がり廊下を歩きます。そしてわたしの身の回りのものがどこにあるかをすでに知っています。なにかに動じたりとまどったりすることがまるでなく、ハリー卿夫妻に出会ったときは深くお辞儀をしますが、公使館にいて「すっかりくつろいで」いるのは明らかです。またわたしの頼みに折れて、当番兵のひとりからメキシコ式の鞍《くら》とイギリス式の轡《くつわ》や手綱などのつけ方だけは習いました。彼はけっこう利口、つまり「頭が切れる」らしく、すでに旅の最初の三日分の手はずを整えてしまいました。名前は伊藤といい、これからの三ヵ月間、よきにつけあしきにつけわたしの守護神となるのですから、彼についてもっともっと書くことになるのはまちがいないでしょう」。

ハリー卿とはハリー・パークス英国初代駐日公使である。週刊朝日編『値段の明治大正昭和風俗史』によれば、一八七四（明治七）年の巡査の初任給は四円、一八八一（明治十四）年には六円、とあり、一方、バードの『日本紀行』には「現在ドルとちょうど等価の円」とあるから、伊藤の特殊技能と重労働を考えると、彼の年齢を考えなければ、「一二円」という月額報酬はごく相当といえるであろう。

この文章をどう書き続けるか。『日本紀行』の記述にしたがうのがふつうだろうが、私はイザベラ・バードが日本人、日本社会をどう観察し、どのような感想をもったかに関心があるので、主題別に、書くことにしたい。日本人観の中心をなす通訳兼従者伊藤を中心に記述を追うこととする。

＊

当初の契約にさいし、伊藤に前払金を支払ったことについて、「ヘプバーン博士がわたしを慰めるようにおっしゃるには、あの男はもう来ないだろうね！」と感嘆符を付していることを引用した。その後、伊藤は、ヘプバーンの予期に反して、現れたのだが、これは伊藤が正直であったことが分かったと言っているわけではない。ヘプバーンの言葉に感嘆符を付しているのは、バードが前払金を支払ったことをヘプバーンが窘《たしな》め、そんな安易に支払ってはこの先が思いやられる、と警告したと解すべきだろう。

出発前の記述の中、私はまず次に注目する。

「実際のところ、外国人客を想定している人気リゾート地のわずかなホテルをのぞいて、パン、バター、ミルク、牛肉や豚肉、鶏肉、コーヒー、ワイン、ビールは手に入らないし、新鮮な魚はめったにありません。また米、お茶、卵を常食とし、ときおり新鮮ではあっても味のない野菜をそれに加えることができないかぎり、食料を携行しなければなりません。魚と野菜を使った「日本食」はぞっとするほどひどいもので、食べられる人は少なく、それも長いあいだ練習を積んだすえのことなのです。

もうひとつ、これよりずっと重要ではないとはいえよく話に出たのが、現地人の使用人には道中で金銭のやりとりがあるたびに「中間搾取」する習慣があり、使用人の腕と能力次第で旅行費用が二倍、ときには三倍になることが多いという問題です。あちこち旅行した経験のある三人の紳士がわたしの払うべき値段表をくれましたが、地方によってものの値段も異なり、旅行客の多い地域では大幅に高くなっています。またウィルキンソン氏が伊藤に向かってこの値段表を読み上げると、伊藤はときおり不満の声をあげました。ウィルキンソン氏は日本語でやりとりをかわしたあと、わたしに「金銭に関してはよくよく気をつけるべきですよ」と言いました。これは見通しとしては骨が折れます。わたしにはこれまで人をうまく監督できたためしがないし、小利口で抜け目のないこの日本人青年を監督できるはずはないでしょうから。たいがいの場合、伊藤は好きなようにわたしをだますことができるでしょう」（第六信）。

前段の食料についていえば、バードの希望は贅沢であり、また、「魚と野菜を使った「日本食」はぞっとするほどひどい」というのは彼女が正常な味覚の持主ではないのではないか、という疑問を抱かせるのだが、この時点で、彼女はまだ魚と野菜を使った、真の日本食をたべたことはないはずだから、先入観にすぎまい。

三人の紳士の示した値段表なるものも、徒らにバードに対し伊藤への不信感をうえつけたにすぎない。どういう旅館のどういう部屋に泊り、どういう料理を供されるか、千差万様であって、一律の値段表などありえない。こうした事情を知らない発言に伊藤は不満に感じたにちがいない。ことに日光以北の、まだ外国人が足をふみ入れたことのない東北、北海道の宿賃がどうであるか、三人の紳士が知るはずもない。そんな値段表を示された伊藤が不満の声をあげるのは当然だし、ウィルキンソン氏が、伊藤の会話の後「金銭に関してはよくよく気をつけるべきですよ」とバードに忠告するのはまったく余計な忠告である。

さて、第九信に、旅行に持参する荷物が次のとおり記述されている。

「旅行支度はきのう終わり、わたしの荷物は一一〇ポンド［約五〇キロ］の重さとなりました。これが伊藤の荷物九〇ポンド［約四〇キロ］と合わせて平均的な日本の馬に載せられる量です。柳行李《やなぎごうり》二個は紙で内張りがしてあり、防水カバーがついていて、荷馬の背に振り分け荷物にできて便利です。わたしは折り畳み椅子を持っていて――日本の家屋には床しか座るところがなく、寄りかかれる壁すらないのです――人力車《クルマ》用の空気枕、ゴム製浴槽、シーツ、毛布一枚、そしてなによりも大事な、軽い棒にキャンバス地を張った折り畳み式ベッド。これは二分で組み立てられ、高さが二フィート半［約七六センチ］あるので、蚤除けになるでしょう。「食料問題」はあらゆるアドバイスをやんわりと拒絶することで解決しました！　わたしが買ったのはリービッヒ製肉エキス少々、レーズン四ポンド［約一・八キロ］、食べるのと飲むのにチョコレート少々、必要時に備えてブランディ少々、それだけです。自前のメキシコ式鞍と馬勒、適度な量の着替えを持ってきました。着替えには夜着るゆったりした部屋着も含まれます。蠟燭、ブラントン氏の大判日本地図、イギリスの『アジア協会紀要』数冊、サトウ氏の英和辞典、旅行着はベージュの縞柄ツイードの短いもので、黒く染めていない革の頑丈な編み上げ靴をはき、日本の笠をかぶります。この笠は大きなボウルを逆さにしたような形をしており、軽い竹を編んだものに白地木綿のカバーがついています。内側にとても軽い枠がついていて、そこに額がぴったり納まり、頭の上に一インチ半［約四センチ］の隙間ができるので、通気がいいのです。重さはたった二オンス半［約七〇グラム］で、重いヘルメット帽よりはるかに具合がよく、また軽いのに頭を完全に保護してくれて、一日じゅう日が照って気温が華氏八六度［摂氏三〇度］あったにもかかわらず、ほかになんの日除けもいりませんでした。わたしのお金は五〇円、五〇銭、二〇銭、一〇銭の各紙幣を束にまとめてあり、ほかに筒に巻いた銅貨をいくつか持っています。通行証はバッグに入れて腰にぶらさげています。足台として使う鞍はべつとして、荷物はすべてクルマに載せ、伊藤は一二ポンドに制限された自分の荷物を自分で持ちます。

クルマは三台あり、日光までの九〇マイル［約一四四キロ］を車夫は交代せずに三日で行く予定です。車夫の賃金はひとり一一シリングです」。

バードは旅行家であっても冒険家ではない。出費を惜しみなく、快適に旅行ができるよう手配するのである。第九信は粕壁、六月十日に発信され、翌日は栃木に泊る。粕壁は現在の春日部である。どの宿でもプライバシーが保たれないのにバードは悩むが、これは西洋式のホテルが日本にできるまで、誰もがたえねばならぬことであった。「障子の穴からたえず目がのぞいているうえ、宿の使用人はとても騒々しくて粗野で、なんの口実もなくしきりに部屋のなかを見にきます。宿の主人は快活で愛想のよさそうな男でしたが、同じように部屋をのぞきます。大道芸人や楽士や盲目のマッサージ師や歌うたいの女がこぞって障子を開けます。わたしはキャンベル氏の言ったとおりだ、女ひとりで日本を旅行などすべきではないと思いはじめました」。

いかに日本旅館ではプライバシーが保てないといっても、この旅館は例外的にひどいというべきだろう。右の文章は次に続く。

「伊藤は隣の部屋に寝ましたが、どうもどろぼうが出そうだ、自分がお金を預かりましょうと申し出ました。そして彼が夜のあいだにわたしのお金を持ち逃げすることはなかったのです!」。

伊藤は「小利口で抜け目のない」のではない。賢く、用心ぶかいのである。

「わたしは八時前に壊れそうな簡易ベッドに寝たものの、夜が更けるにつれ宿屋内の騒がしさは増すばかりで、しまいには本当のどんちゃん騒ぎになり、一時をすぎても静まりません。（中略）夜遅くになって建てつけの悪いわたしの部屋の障子が偶然倒れ、どんちゃん騒ぎの光景が見えました。おおぜいの人間がお風呂に入り、お湯をかけ合っていたのです」。

部屋の中に風呂があり、お湯をかけ合う、という光景は想像しにくい。バードが見た光景を理解できなかったので、こういう表現になったのだろうが、言語道断の乱痴気騒ぎだったにちがいない。こういう騒ぎをおこす連中が何をしでかすか分からない、と伊藤は考えたのであろう。バードは伊藤が金を持ち逃げしなかったことに感銘をうけているが、じつは伊藤の周到な注意に感謝すべきであった。

＊

栃木からバードは日光に出て東照宮などを見物、金谷ホテルの前身である金谷邸で行届いたもてなしをうけるのだが、そのことは後に書くとし、湯元での体験を次のとおり記している。

「入町《いりまち》――湯元を発つ前に、わたしは「ピンはね」の手口を知りました。精算を頼むと、請求書はわたしに渡されず、宿の亭主は二階へ駆け上がって伊藤にいくらにすべきか尋ね、ふっかけて得た儲けをふたりでわけようと話を持ちかけたのです。なにを買っても従者は「ピンはね」分を得ます。宿代に関しては非常に巧みに行われるので、防ぎようがなく、納得のいく範囲で収まっているかぎりは気をもまないことです」（第一二信）。

この記述は、バードの猜疑心、日本人に対する不信感を示しているにすぎない。宿の亭主が伊藤と相談、本来の宿泊費より高い宿賃を請求しても、宿の儲けが多くなるだけのことである。伊藤がリベートのような金額をうけとった証拠があるわけではない。バードは、「ピンはね」という習慣があると聞かされて、きっと伊藤がピンはねしているだろうと臆測したにすぎない。宿賃が納得のいく範囲で収まっていたのなら、伊藤がそういう範囲に収まるよう宿の亭主と話し合ったとみるべきではないか。

*

バードは日光から藤原、田島、大内、会津へ出る行程をとるのだが、その途次、伊藤について次のように記している。

「五時に伊藤が来て、頼むからもう出発してほしいと訴え、「全然眠れませんでした。ここには何万匹もの蚤がいます!」と愚痴をこぼしました。伊藤はほかのルートを通り内陸を津軽海峡まで旅したことがあります。その体験がなければ、こんなところが日本にあるとは信じられなかったはずだ、蚤や女性の格好の話をしても横浜ではだれも信じてくれないだろうとのこと。「外国人にこんなところを見せるのは恥だ」と言いました。伊藤の旅の巧みさと並外れた知性には毎日驚かされます。「ふつう」の英語とはちがう「いい」英語を話せるようになりたいというのが彼の望みで、新しい単語を正しく発音できるようになりたいと強く願っています。毎日伊藤はわたしが遣って自分にはよくわからなかった単語をノートに書きとめ、夜わたしにそれを見せて意味とつづりを日本語で記しています。すでにプロの通訳よりずっとうまく英語が話せますが、アメリカ式の下品なことばと自由で気楽な話し方を覚えていなければ、もっとよかったでしょう。優秀な通訳を得るのは非常に大事なことですし、これだけ若くて未熟な従者を雇うべきではなかったのでしょうが、伊藤はとても頭がよく、いまでは料理人、洗濯人、一般的なお供、それにガイドと通訳をすべて兼ねるほど有能で、歳をとった従者よりずっと楽だと思います。わたしは伊藤をうまく操縦しようとしていますが、それは伊藤がわたしを操縦しようとしているのが見えたからで、とくに「料金のふっかけ」に関してはそうです」（第一四信）。

伊藤が「ほかのルートを通り内陸を津軽海峡まで旅したこと」があるというのは、就職のさい、「植物採集家のマリーズ氏と東のルートを通って東北地方と北海道を旅した」ことを意味するだろう。奥州街道を白河を経て、仙台、盛岡を経て青森に至る道路に比べ、日光から藤原を経て会津に出る道はよほど険阻なはずだから、伊藤が嘆くのも無理がないし、何故バードがことさらわが国でもとくに僻陬の地域を通る道を選んだのは旅行家としての虚栄心だろうが、それはともかく、伊藤の向学心は驚くべきものだし、バードのアメリカ英語に対する嫌悪感も笑いを誘う。伊藤の「料金のふっかけ」は何のことか分からない。やはりバードの猜疑心から出た想像だろう。伊藤の話がまだ続いている。

「彼は強烈に日本人的で、その愛国心には自分の虚栄という弱みと強みがしっかりとあり、外国のものはなんでも劣ると思っています。わたしたちの態度、目、ものの食べ方は彼にはとにかく不愉快なのです。イギリス人は無作法だという受け売りの話をするのが好きで、イギリスの男性は「道で会っただれにでもオハヨウと大声で言う」、茶屋の娘たちをこわがらせる、人夫をなぐったり蹴ったりする、白い畳の上をずかずかと泥靴で歩く、なにかにつけできそこないのサテュロスのような行動をとる、ちょっと田舎に行くというだけでいやだいやだと大騒ぎする。これではイギリス人とその国がばかにされたり笑われたりしても当然だというのです。伊藤はわたしが無作法なことをしまいかととても心配しており、わたしはわたしで、どこに行っても日本式に行儀よく振る舞えるようでありたいし、日本の作法に反したくないので、どんなときにどんなふうにしなければならないか、あるいはどうしてはいけないかについては伊藤の意見を聞くことにしています。わたしのお辞儀は日に日に低くなりつつあります！　こちらの人々はとても親切で丁重なのですから、外国人が彼らに対して親切あるいは丁重に接しないとすれば、本当に失礼です。あなたも気づいたことでしょうが、わたしは完全に伊藤を頼りにしています。旅行の手配ばかりでなく、問い合わせ、情報入手をするのに、さらには実のところ同伴者としてすら」。伊藤が「外国のものはなんでも劣る」というのは、多くのイギリス人が無作法であり、傲慢であるということに尽きるらしい。バードは「完全に伊藤を頼りにしています」という。じっさい、伊藤ほど有能な通訳、従者は得がたいのだが、なお「料金のふっかけ」といった金銭上の問題では伊藤を信用していない。

*

やがてバードは新潟に着き、一週間以上滞在した後、また旅に出て、七月二十三日、久保田に着く。「久保田は非常に魅力的な、また純粋に日本的な町で、人口は三万六〇〇〇、秋田県の県都です」（第二六信）とあるから、秋田であろう。久しぶりに、ここで伊藤について感想を記しているので第二八信から引用する。

「このところ伊藤についてはあまり手紙に書いていませんが、情報収集という点ばかりでなく、実際に旅を続けていく上において、彼を頼る気持ちが日に日に強くなってきています。夜間わたしは時計、通行証、お金の半分を伊藤に預けており、彼が姿をくらましたらどうするのだろうとしょっちゅう自分でも首をかしげています。伊藤はいい子ではありません。わたしたちの考えるような道徳観念を持ち合わせていませんし、外国人がきらいです。態度も非常に不愉快なことがよくあります。それでもなお、彼より役に立つ従僕兼通訳を得られたかというと、それは疑問です。東京を発った時点で、伊藤はかなりうまく英語が話せましたが、訓練を積み、まじめに勉強したおかげで、いまではわたしの会ったどの通訳官よりうまい英語を話しますし、語彙も毎日のように増えています。いったん意味を把握したことばは遣い方をまちがえることがなく、覚えちがいというのがありません。伊藤は英語と日本語で日記をつけており、それには見聞きしたことがそれは細かく書いてあります。ときどきわたしに読んでくれるのですが、彼のように旅の経験の多い若者がこの北の地方についてどれほど奇抜な見方をしているかを知るのはおもしろいものです。伊藤は宿泊日誌と交通日誌をつけていて、請求書と領収書がすべて書き込んであります。また彼は毎日すべての地名を英文字で音写し、距離と交通手段、旅館に支払った金額をそれぞれの請求書に書き記しています。

伊藤はどの地に行っても戸数を警察か駅逓係員に尋ね、また町では特産物を聞いて、それをわたしのために書き留めてくれます。正確に記すようよく心がけていて、ときおりいまひとつ確信の持てないことを書くと、「事実でないなら、これは必要なし」と記してあります。伊藤は遅刻は決してせず、ぐずぐずすることもありません。夜もわたしの用事がないかぎり外出することはなく、酒《サケ》はまったく飲みません。こちらの言いつけに従わなかったことは一度もなく、同じことを二度言う必要はまったくありません。いつでも必ず声の届くところにいますし、繰り返し行うことに関してはたいへんなこつを身につけており、これらすべては自分自身の利益のためだということを隠しもしません。伊藤は給金の大半を未亡人である母親に送っており――「それは国の習慣」です――その残りをお菓子やたばこ、しょっちゅう行く按摩《あんま》という贅沢に使っているようです」。

伊藤は向学心に富み、律義で几帳面で、遅刻をすることなく、いつもバードの声の届くところにいて、言いつけに従わなかったことは一度もなく、同じことを二度言う必要がないほどに主人に仕え、給料の大半は母親に送金する、という。これほどの日本人が存在したのか、と私には驚異にたえないのだが、それでもバードは「伊藤はいい子ではありません。わたしたちの考えるような道徳観念を持ち合わせていませんし、外国人がきらいです。

態度も非常に不愉快なことがよくあります」という。これほどに仕えてなお、「いい子ではありません」「道徳観念を持ち合わせていません」といわれたら、外国人が嫌いになるのももっともではないか、と私には思われるのだが、バードはこう続けている。

「彼が自分の目的にかなうとみれば嘘もつくこと、また見つからずにできる場合は、はねられるだけの上前を「ピンはね」していることについて、わたしはみじんの疑いも抱いていません。彼には人情というものがあまりないらしく、思いつくことといえば、意地悪をして楽しむことばかりのようです」。

バードは伊藤がいつ、どういう「嘘」をついたか、「意地悪」をしたか、具体的にあげているわけではない。「みじんの疑いも抱いていません」という「ピンはね」についても証拠をつかんで言っているわけではない。宿泊日誌、交通日誌をつけ、請求書、領収書のすべてを書きこむ精神と「ピンはね」する精神とは両立しないようにみえる。請求書、領収書などから、もし「ピンはね」しているとすれば事実はたやすく確認されるはずである。

「彼は外国人が発見したことを日本が利用するのは正しい、外国人が日本から学ぶこともいっぱいあるはずだ、日本は外国との競争に勝つ、なぜならいいものだけ取り入れてキリスト教のように厄介なものは取り入れないからと考えています。愛国心は、わたしの見たところ、彼の感情でもいちばん強いもので、スコットランド人ひとりとアメリカ人ひとりをのぞき、これほど自慢そうに愛国心を示す人をわたしは見たことがありません。伊藤はひらがなもかたかなも読み書きができるので、無学な人を見下しています。外国人の階級や地位についてはこれっぽっちも敬愛や評価をしていませんが、日本の官吏に対しては敬愛し評価しています。伊藤は女性の知識人を軽蔑していますが、茶屋の並みの娘たちとは都会育ちの流儀でふざけています」。

「伊藤はもともと都会が好きで、わたしが自分の好きな「未踏の道」を行こうとするのを思いとどまらせようとします。が、わたしの心が動かないと知ると、きまって議論を同じ文句で締めくくります。「もちろんお好きなようにどうぞ。わたしにはどちらでも同じなんですから」。わたしは彼がいささかでもわたしをだましているとは思いません。ふたり分の食費・宿泊費・交通費は一日当たり約六シリング六ペンスで、逗留するときは二シリング六ペンスです。これには心づけや割増料金もすべて含まれます」（第二八信）。

伊藤が「はねられるだけの上前を「ピンはね」していることについて、わたしはみじんの疑いも抱いていません」と記したすぐ後で、「わたしは彼がいささかでもわたしをだましているとは思いません」といって、二人分の食費・宿泊費・交通費をいくらいくらと書くことに、バードは矛盾を感じていないようである。

彼女は「未踏の道」を行くのが好きだといっても、西洋人にとっての未踏の道であり、私たち日本人にとっては、また、伊藤にとっては辺鄙で見所のない田舎道にすぎない。バードは粗末ながらベッドを持ち歩き、通訳兼従者である伊藤を連れ、惜しみなく荷車等も使って旅行しているのであって、決して冒険家ではない。いい気な旅行者にすぎない。

私は、伊藤の勤勉、律義、誠実、親孝行な性格をバードが知りながら、なお「嘘」をつき、「ピンはね」をし、思いつくことといえば、「意地悪」をして楽しむことばかり、などと非難するのは、どうしても拭いきれない日本人に対する不信感のためであろう、と考える。それはおそらく現代においても、多くの欧米人キリスト教徒が日本人を見る眼と同じなのではないか。勤勉、向学心等の美徳を認めてもなお、自分たちは日本人に裏切られ、騙されているのではないか、と感じているのと同じなのではないか。同じような心情を、あるいは彼らはアラブの人たちにももっているかもしれない。しかも、バードの来日当時、日本人は安政の不平等条約の桎梏の下で苦しんでいたのであった。

＊

書簡形式で書かれたイザベラ・バード『日本紀行』の本州での旅は第三六信「黒石にて」で終り、第三七信は「一八七八年八月一二日、蝦夷、函館にて」発信され、下巻に続く。第三六信の冒頭は次のとおりである。

「きのうはすばらしいお天気で、はじめてわたしは伊藤をお供につけずに人力車《クルマ》に乗り、とても楽しい遠出をして、山間の行き止まり道をたどりました。難点は悪名高い悪路で、歩くか座席でひどく揺られるか、そのどちらかしかありません。車夫は感じのいい、親切で陽気な男で、伊藤のことばを借りれば、これまで外国人など一度も見たことがない地域に外国人を乗せていく晴れがましさに嬉々としていました。もうずっと前から充分に気がついていることですが、日本で旅行するのは安全そのもので、かつて粕壁で抱いた不安な気持ちを思い返すと、はずかしくなってしまいます」。

車夫が嬉々としている、というのはバードを伊藤が喜ばせたお世辞にちがいない。バードは伊藤の言葉を信じている。それほどに信じやすいから、自分は騙されているのではないか、という気持をもつことにもなるのであろう。

イザベラ・バード『日本紀行』について（その二）

前回は、イザベラ・バードの見た日本人の男性の容姿から書きはじめたので、本章は、女性の容姿についての記述から書きおこすこととする。

一八七八（明治十一）年六月九日、バードは浅草観音を参詣し、その周辺を見物する。以下、第八信から引用。

「女性、とくに娘たちはしとやかでやさしくて感じがいいのですが、美貌に関しては、これならまずまずという程度の顔にさえ出会いませんでした。鼻はぺったんこで唇は厚く、目は斜めに吊り上ったモンゴル人種のタイプです。それに眉を剃り落とし歯を黒く染める（ただし東京では以前ほど一般的ではありません）一般的な風習が一目でわかる生気のなさとあいまって、ほとんどどの顔もうつろでぼんやりして見えます。布をあまり使わない細身の衣服のせいで体格を判断することはできますが、彼女たちの体格は標準以下に見え、あたかも日本人全体がくたびれきっているとでもいうようです。肩は丸く、とても撫で肩で、胸と腰は小さく、手足もとても小さくて、背は四フィート八インチから五フィート一インチ［約一四二―一五五センチ］。子供を背負っているときは、まるで少女時代からいっきに中年に入ってしまったように見えます」。

バードのいう「標準」はイギリス女性の標準だろう。イギリス女性の標準に比し、日本女性の背が低いことは間違いないが、「美貌に関しては、これならまずまずという程度の顔にさえ出会いませんでした」というのは信じがたい。それでも、この前後も引用しないと、バードに対し公平であるまい。

「とはいえここでもやはりほかのどこでもそうであるように、なによりもわたしが興味をかきたてられたのは人間でした。人々の敬虔ながらも、不敬な場合のほうがそれより多い礼拝のしかた、お粗末で幼稚な迷信、物乞いや暴徒のまったくいないこと、おとなの男や女の子供っぽい遊び、正装姿の子供たちとその重々しい態度、宗教と娯楽が奇妙に混合していること、蔑視がないとはいえ相変わらず外国人はひどくものめずらしげに見られること、両親と子供たちが親子連れで楽しんでいる姿のないこと、それでいながら女性は男性のいるなかをまったく自由に動きまわっていること、子供たちが父親からも母親からも大事にされていること、人々の体の小ささ、女性たちが顔を隠さず、また地味な顔だちをしていること、だれもが清潔できちんとした身なりであること、みんなきわめておとなしいこと、昼日中に何千人もの人々がお寺に押し寄せているのにみんな礼儀正しくて秩序が保たれていること、ひとりの警官もその場にはいなかったこと。こういったことにわたしは深い感銘を受けました」。

「子供たちが親子連れで楽しんでいる姿のない」なら、どうして「子供たちが父親からも母親からも大事にされている」といえるのか。バードの文章は書信だから決して練りあげ、推敲されたものではない。

「国の行事に出席した皇后は緋色の絹の袴にゆったりした衣という服装で、皇后をはじめ宮中の女性は一様に民族衣裳をまとっています。わたしは洋装の女性をふたりしか見たことがなく、それはこちらで晩餐会があったときで、洋服を着ていたのは進取的な森［有礼］外務大輔の夫人と駐香港日本領事の夫人でした。ふたりとも海外生活が長く、洋装が板についていました。西郷［従道］文部卿夫人は、ある日なんともいえず美しい鳩色の縮《ちり》緬《めん》の和服姿で訪れました。同じ材質のピンクのアンダードレス［長襦袢］を襟元と袖からほんのわずかのぞかせています。帯は深みのある鳩色の絹で、淡いピンクの花がちらほらと散らしてあります。フリルやけばけばしい飾りはいっさいなく、装飾品もシニョンに挿したピン一本のみ。やさしく美しい顔をしたこの夫人の優美で品のある和服姿は、洋装でもまさにこのとおりだったろうと思わせました。洋服に比べ和服にはこれぞといった特長がひとつあります。和服を一着と帯を一本さえ持っていれば、女性は完璧に服を着た状態になれることで、二着持っていれば、完璧に盛装できるのです。しかしながら、生まれが上流階級の女性の顔と中流下流のそれとは顔立ちや表情に差異があり、日本の画家はこのちがいを誇張して描きます。わたしは太った顔、しし鼻、厚い唇、吊り上った細長い目、白粉や紅をたっぷり塗らなければならない肌の色はごめんです。唇に赤みがかった黄色の紅をつけたり顔と首に真珠の粉を厚く塗りこめる習慣にはぞっとします。とはいえ、これほどやさしくて品のいい物腰の女性たちに対しては、好意的でない批評はしにくいものです」。

和服が一着の着物と一本の帯で盛（正？）装できるとは、バードの無智による。この文章の末尾が私には分かりにくいのだが、「太った顔」以下はこの文章中に描かれた誰を指しているのか。それはともかく、バードは上流階級の女性はおおむね顔立ちが良いという印象をもったようである。浅草の庶民の群衆のなかで、バードは、「これならまずまずという程度の顔」をもつ美貌にさえ出会わなかったが、上流階級には「美しい顔をした」「優美で品のある」女性を見ているのだから、浅草の庶民の女性のなかにも生き生きした表情の顔立ちのととのった女性もいたはずであり、バードは、階級社会で育っているために、女性の容貌も階級によって差別し、公平に見ていないのではないか。

*

さて、粕壁、栃木に泊ったバードは日光に到着、金谷ホテルの前身と思われる金谷邸に泊ることとなる。ここで人力車の車夫たちと別れる情景をバードは第九信の末尾に次のとおり書いている。

「外観をひと目見てうれしく思った金谷邸で、残念ながらわたしは心厚く忠実に仕えてくれた車夫たちと別れました。いつも服から土やほこりを払ってもらったり、空気まくらをふくらましてもらったり、花を摘んできてもらったりと細々したことでずいぶん世話になったうえ、わたしが歩いて山を上ると、車夫たちはいつも感謝の気持ちを表したのです。それにたったいまも、山へちょっと遊びにいったあと、彼らはお別れのしるしにとわたしにつつじの枝を持ってきてくれました」。

心暖まる情景といってよい。

さて、第一〇信は「六月一五日、日光、金谷邸［カナヤ　カッテイジ・イン］にて」と記されており、もっぱら金谷邸礼賛に終始している。

「この家のことはどう書けばいいのかわかりません。まさに日本の牧歌的生活がここにはあります。（中略）この家は簡素ながらも不規則な形をした二階建ての離れで、石垣のある敷地に立っており、玄関前には石段がついています。庭は植栽がよく考えて配置してあり、いまは牡丹、あやめ、つつじが咲いていてとてもきれいです」とはじまり、「とてもやさしくて上品な雰囲気の金谷の妹が玄関でわたしを迎え、ブーツを脱がせてくれました。二ヵ所ある縁側はよく磨き込まれており、それは玄関やわたしの部屋に通じる階段も同様で、畳はとても上質で白く、ブーツを脱いでストッキングだけとなった足でさえ、歩くのがためらわれるほどでした。（中略）唯一の家具は風景と思われるものを墨で描いた屏風があるのみです。この家の部屋がいまひとつすばらしくなければいいのに。わたしとしてはそう思いたくなってしまいます。インクをこぼしはしまいか、畳に傷をつけはしまいか、障子を破りはしまいかと四六時中びくびくしているのですから。（中略）母親はとても徳の高い老婦人で、この母親と、わたしの知っている日本女性のなかでは最もやさしくて上品な妹が金谷と同居しています。妹は家のなかを妖精のように軽やかに動きまわり、その声は音楽の調べのような音色をしています」。

以下は略すが、日光東照宮、中禅寺湖、湯元などを見物し、また、金谷邸に戻る。

六月二十三日の第一三信から引用する。この金谷氏の妹はユキという名である。

「ユキはうっとりするほど優雅に話し、動き、歩きます。夜と、よく友だちが午後のお茶を飲みに現れるとき以外、ユキは掃除や縫い物、洗濯といった家事に勤しむか、野菜を植えたり畑の草取りをしたりしています。日本の女の子はみな裁縫を習い、自分の着るものを縫いますが、イギリスのようにややこしさやむずかしさのせいで裁縫の稽古が恐怖の種になるようなことはありません。着物《キモノ》、羽織《ハオリ》、帯、それに長く垂れ下がった袖も平行な縫い目があるだけで、衣服としては仮縫いしてあるにすぎないのです。洗うときはそれをほどき、各部分をごく軽く糊づけして板に広げて乾します。ベルトやフリル、まち、ボタンホールのついた下着はなく、貧しい階級の女性は下着をつけません。またそれより上の階層ではユキのように、泡のような縮緬でできた、上に着るキモノと同じように簡単な仕立ての下着をつけます」。

こうした説明にはかなり誤解があるようである。いわゆる洗い張のようなことを、始終洗濯するようにしているわけではないし、下層階級の女性が下着をつけない、などということもない。金谷邸におけるバードはすべて日本的なものを極端に美化している。だが、次の記述だけは、彼女にとっても感銘ふかい体験だが、私たちにとっても感興がふかい。

「生け花は入門書を使って学び、女の子の教育のひとつに数えられています。わたしの部屋に花が生けかえられないい日はめったにないほどです。これはわたしにとっても教育で、ただひとつのものだけを飾る、その極端な美しさを評価しはじめています。床の間に掛けてあるえもいわれぬ美しい掛物《カケモノ》には、花をつけた桜の枝が一本だけ描いてあります。屏風の一面には一輪だけのあやめがあります。磨き込んだ柱にとても優美に掛かっている一輪挿しにはそれぞれ牡丹、あやめ、つつじが一輪または一枝ずつ挿してあり、茎も葉も花弁もすべてがその美しさをあますところなく見せています。イギリスの「花屋」のつくる「花束」ほどグロテスクで野蛮なものはないでしょう。異なった色の花を幾重にも同心円状にたばね、羊歯と堅い紙のレースでそれを巻くのですから、茎も葉も、いや、花びらさえ無残につぶれ、それぞれの花の優美さと個性は当然だいなしになってしまいます」。

むろん、生花は入門書で習得できるわけではない。師匠について訓練をつまなければ一輪挿しもまともにはできない。勅使河原宏さんの後継者として草月会の四代目の家元となった勅使河原茜さんは、生花に関する限り、宏さんよりも才能豊かだと私は思っているが、私の記憶では、たしかその茜さんが「生花は引き算、フラワー・アレンジメントは足し算」だと話してくれたことがある。家元制がどうなるかは別として、バードはこのとき、引き算の美学として日本の美の本質にふれたのだ、と私は考える。

金谷邸における快適な日々の後、バードは日光のあたりの村々の風景を第一三信で書いている。

「女の人が機《はた》を織っている家もあり、また綿を紡いでいる家もあります。ふつう母親と長男の妻、未婚の娘がひとりかふたりと、三人または四人の女性がいます。女の子は一六歳で結婚し、血色も顔立ちもよくて健康そうな娘たちはじきにやつれてうつろな表情の中年女へと変身していきますが、これは歯を黒く染め、眉を剃ってしまうせいです。この習慣は婚約につづいてなされない場合でも、第一子誕生とともに行われます」。

女性が十六歳で結婚する決まりもなければ風習もない。バードがお歯黒を嫌っているのは理解できるが、これは結婚した女性が歯を染めるのであって、婚約とか第一子誕生とは関係ない。お歯黒を染めると「やつれてうつろな表情の中年女へと変身」するというのもバードの思いこみだろう。バードはずいぶん知性の高い女性だが、反面、イギリス的偏見にみちている。

第二三信に山形県上山《かみのやま》を訪れた記述がある。

「ここは日本人が旅行するルートのなかでも最大のもののひとつで、温泉場を訪れて日本人の習慣や娯楽や、ヨーロッパからなにも取り入れてはいなくても実に完璧な文化を見るのはおもしろいことです。こちらの温泉は鉄分を含み、硫化水素が強く染みています。わたしは華氏一〇〇度、一〇五度、一〇七度［摂氏約三八度、四一度、四二度］と三種類の温度のお湯に入ってみました。リウマチにとても効くと考えられており、遠くからも湯治客がやってきます。わたしによく情報を提供してくれた警察官の話では、現在湯治目的でここに滞在している人々は六〇〇人いて、日に六度温泉につかるそうです。わたしが思うに、リウマチとなると旧来の日本人医師は食事や生活習慣にほとんど目を向けず、内服薬や外用薬を多用しています。やわらかい手ぬぐいで体を軽く洗うかわりに強く摩擦するようにすれば、こういった温泉や薬湯の効能も大幅に増すでしょう。

ここは大きな宿屋で、よそから来た人でいっぱいです。宿のおかみさんは肉付きのいいとても好感の持てる未亡人で、同じ山のもっと上に湯治客用の実にすばらしい旅館を所有しています。この未亡人には一一人の子供があり、うちふたりか三人は背が高くて体格のいい上品な女の子です。（中略）わたしを山の上に連れて行き、とても魅力的なその場所にある寺院や温泉や宿屋を見せてくれました。わたしは彼女の品のよさと機転をとてもうれしく思っています。宿のおかみさんにこの宿屋を経営して何年になるのか訊いてみたところ、おかみさんは「三〇〇年になります」と誇らしげに答えましたが、これは職業世襲の例としてめずらしくないことです」。

こうしてバードは旅行を続けていく間、しだいに日本の女性の容貌に関する先入観、第一印象ないし偏見を正していったようである。

＊

ここでバードが日本の地方の都市景観、自然景観をどう見たかにふれたい。

バードは上山へ来る前に米沢を訪れている。同じ「上山《かみのやま》にて」と題する第二三信である。

「好天の夏の日でしたが、とても暑く、会津の雪を冠した連峰も陽光を受けてぎらぎらと輝き、あまり涼しくは見えませんでした。米沢の平野は南に繁栄する米沢の町があり、北には湯治客の多い温泉の町、赤湯があって申し分のないエデンの園で、「鋤《すき》でなく画筆で耕されて」おり、米、綿、とうもろこし、たばこ、麻、藍、大豆、茄子、くるみ、瓜、きゅうり、柿、あんず、ざくろをふんだんに産します。微笑みかけているような実り豊かな地です。繁栄し、自立した東洋のアルカディアです」。

過褒という感がつよいが、失われた、かつてのわが国の農村はこんなものだったのかもしれない。この文章の続きを読む。

「充分にある土地はすべてそれを耕し、自分たちの育てたぶどう、いちじく、ざくろの木の下に暮らし、圧迫とは無縁――東洋的な専制のもとではめずらしい光景です。それでもなお大黒は筆頭の神さまで、物質的な幸福が願望のたったひとつの的なのです」。

バードは知性豊かではあるが、右のような見方は、「東洋的な専制」という固定観念にもとづき、やはり日本人の心の表層しか見ていないといえるのではないか。引用を続ける。

「美と勤勉と快適さの魅惑的な地で、山々に取り囲まれ、明るく陽光を反射する松川《まつ》に灌漑されています。いたるところに豊かで美しい農村があり、彫刻を施した梁とどっしりした瓦屋根の大きな家々が、それぞれ自分の敷地に柿やざくろの木々に埋もれるように建っています。家々にはぶどうを這わせた蔓棚の下に花壇があり、プライバシーはざくろや杉のていねいに刈りこまれた高い生け垣で守られています。吉田《よしだ》、洲島《すのしま》、黒川《くろかわ》、高山《たかやま》、高滝《たかたき》の各村以外に、木立のなかから納屋の茶色い屋根が頭をのぞかせている村落がこの平野にはゆうに五〇はあるのを、なかを通ったり、そばを通りかかったりして数えました。（中略）吉田は豊かで繁栄しているように見え、沼は貧しくみすぼらしいものの、山腹から救出された沼のわずかな農地は吉田のそれと同じようにすばらしく整然と手入れが行き届き、完璧に耕されています。また日当たりのいい米沢の平野の広い農地と同じように、気候にあった作物をふんだんに産します。そしてこれはどこでもそうなのです。「不精者の畑」は日本には存在しないのです」。

＊

都市景観として第二〇信に記されている新潟に関する記述を引用したい。

「新潟は五万人の人口を擁する繁栄した立派な町で、人口一五〇万の越後という裕福な地方の主都であり、県令《ケンレイ》の置かれている地であり、第一級裁判所、立派な学校、病院、兵舎があります。こんな辺鄙なところにある町に大学という名に値する学校があるのは興味をそそられますが、この大学には中学校、小学校、師範学校、イギリス人とアメリカ人の教師が組織する生徒数一五〇の英語学校、工学校、地質資料館、すばらしい設備の実験室、よく改良された最新の科学と教育の器具が備わっています。政府の庁舎はファイソン邸の近くに集まっていますが、白い木造の建物で、大きくてガラス窓がたくさんあり、堂々としています。西洋人医師の整えた大きな病院がひとつあって、付属の医学校を備えており、この病院と県庁《ケンチョー》、裁判所《サイバンチョー》、学校、兵舎、これらに負けず劣らずの大きさを誇る銀行一行はすべて進取の西洋式で、大胆でよく目立つ味気ない外観をしています。大きな公園があり、とてもよく配置されていて、きれいに砂利を敷いた遊歩道がついています。この地方で採れる鉱油を燃やす街灯が三〇〇基あります」。

この付属の医学校が新潟大学医学部の前身にちがいない（第一級裁判所は、first instance court、つまり第一審裁判所、いわゆる地方裁判所のことであろう――筆者注）。引用を続ける。

「それでもなお、手を焼かせる信濃川が天然の重要交通路である海との行き来をしつこく阻んでいるので、日本でも有数の豊かな地方の主都であるこの新潟は「取り残されて」おり、地方自体も米、絹、茶、麻、人参《ニンジン》、藍《あい》ばかりか、金、銅、石炭、石油を大量に産しながら、その産物の多くは荷馬に積み、わたしがたどったような悪路を通って山脈を越え、江戸まで運ばなければならないのです」。

新潟が「取り残されて」いるというのはバードの誤解だろう。バードが「手を焼かせる信濃川」というのは、信濃川がしばしば洪水をおこし、土砂や漂流物を河口まで運び、河口を砂洲でふさぐからなのだが、反面、越後平野は信濃川の沖積地帯であり、信濃川によって肥沃な農地となっているのであり、また、信濃川の舟運は新潟の発展に大いに寄与してきたのであった。おそらく、右の文章は一外国人の皮相な理解の受け売りであろう。上杉謙信の時代から、新潟ないし越後から江戸へ出ることは、バードが通ったような特殊な道でなければ、さして難しくはない。もちろん、鉄道が敷かれて便利になったことは後年のことであるが、新潟が日本海岸における主要都市の一であったことは、開港以来変りがない。引用を続ける。

「新潟の官庁街は西洋志向の進歩のきざしを見せ、同じ新潟の純日本式街区に比べて実に魅力のないたたずまいをしています。純日本式街区は見たこともないほどきちんとしていて清潔で、とても居心地のよさそうな町で、外国人居留区のように目立つことを競い合うところがここにはまったくありません。遠くからも客がやってくる美しい茶屋やすばらしい劇場があることで知られ、広い地域の娯楽・遊興の中心地となっています。日光がそうであったように、ここも非常に清潔で、きれいに掃き清められた通りは泥靴で歩くのがためらわれるほどです。どんな藁くずも紙くずも落ちたとたんに拾われ、ごみはふたつきの箱か桶に捨てられて、通りにはちりひとつないのですから、エジンバラにとってはよいお手本となるでしょう」。

当時からみると、私たち日本人の公共心はだいぶ低下したようである。

＊

バードは日本の農村の貧困を見逃しているわけではない。第一五信「六月三〇日、車《くるま》峠《とうげ》にて」には次のとおりの記述がある。

「わたしは日光を発って以来目にしてきた明々白々な貧困、正真正銘の汚さと不快さにまったく覚悟ができていませんでした。わたしたちにとって、汚らしい種類の貧乏はふつう怠け癖や酔っ払いと結びついていますが、ここでは怠け癖はいざ知らず、酔っ払うことは自作農のあいだではまれなのです。農作業は休みなしで、安息日もありません。なにもすることがないときにしか休日がないのです。彼らは土を耕し、この国を雑草の一本すら見当たらない美しく手入れされた庭園に変えました。彼らは浪費せず、質素で、どんなものでも役立てて使います。土地は濃密に肥やし、輪作を心得、生産性を高める農法について学ぶべきことはあるとしてもわずかです。わたしはこのテーマに関しては新参者で考えを述べる立場にありません。貧しく見えるのは、この人々がまだ身近なものとはなっていない快適な設備や環境に対して無関心であるからかもしれません。汚れは防げますし、子供たちに皮膚病が流行っている原因をつきとめるのはむずかしいことではありません。これまで旅したほぼ全域で清潔さが欠如していることは疑いなく、これにわたしは驚いています」。

「これまで旅したほぼ全域で清潔さが欠如している」のは、日光を出発して以降の全域を意味するだろう。何故、この勤勉な農民が貧困なのかは後に考えることとし、次を読むこととする。

「人々は一週間に一度はお風呂に入るとわたしに言います。それはいいことに思えますが、よく聞いてみるとそうでもありません。個人の家のお風呂には高さ四フィート［約一・二メートル］の浴槽があり、平均的な体格の人間が例のごとくしゃがんで入るには充分な大きさです。炭で沸かすので、時として煙が命取りになることがあります」。

高温多湿な日本の庶民が欧米の人々よりも頻繁に入浴するのはふつうであり、欧米の人々こそ一週間に一度ほどのシャワーですますことも稀でないのだから、この土地の農民が週に一度しか入浴しないというのは、私には不可解である。また、風呂は薪で沸かすのが通常で炭で沸かすことはまずありえないから、バードのこの記述は聞き間違えであろう。

バードはこうも書いている。

「入浴は汚れを落とすためではなく、贅沢感を楽しむためのものなのです。石鹸は使われず、体をこするのも、一般にやわらかくて汚い手ぬぐいで申し訳程度にざっとひと撫でして終わり、中間に洗うといっても、足が泥だらけになった場合に足をお湯につけながら、手と顔を洗うか、濡らした手ぬぐいでざっとぬぐうくらいです」。

たしかに当時は石鹸は普及していなかったから、石鹸を使わなかったかもしれないが、手足、顔などを洗うために、へちまなどを使ったはずである。また、入浴はたしかに身体をゆったりと湯に浸して休息するためだから、贅沢感を楽しむため、というのもかなりに正確でない。夥しい数の温泉、町にある多くの銭湯を考えても、泥だらけの足を浴槽につけるということはありえない。浴槽の外で足の泥を洗い落として浴槽に入るのが私たちの習慣だから、これもバードの聞き違えか、この農民がよほどの例外としか思えない。

「ここの人々は下着をつけず、めったに洗わない服はぼろぼろになるまで昼も夜も着通しです」。

と書いているのも誤りとしか思われない。一つは偏見によるだろうし、また、いい加減な通訳によるであろう。イザベラ・バードのような外国人の『日本紀行』の興趣は、私たち日本人が当然と思っていることに、特異性があることを教えてくれるところにあるのだが、反面では、つねに誤解もまじっている。

ところで、この第一五信における勤勉な農民の貧困は一八七三（明治六）年に公布された地租改正の結果だと思われる。幕藩体制下で米の収穫高により農民は米を徴収されていたが、地租改正の結果、土地価格により、収穫高に関係なく、一定の税金を徴収されることとなった。車峠のような辺鄙な地域では、いかに勤勉に農業にはげんでも、現金収入は得ることが難しい。バードは第二四信「七月一六日、金山《かなやま》にて」の末尾に次のとおり書いている。

「戸長からは農民の現状について聞くことができませんでした。戸長は前のほうがよかったと考えているようでしたが、わたしには共感できませんでした。過渡期にはさまざまな障害があるでしょうし、またあるはずですが、それに農民は監督されることに慣れ、ときには旧体制のまるで親が子の面倒を見るような保護に慣れていて、不作その他の苦難があっても領主には頼るわけにはいかない独立した立場を最初はきっと不利だと強く感じるでしょうが、いまや彼は自作農というなによりもうらやむべき立場にいるのです。それを彼自身が悟ってさえいたら。彼には自分の土地を売ったり、好きな作物を植えたり、自分の意のままに処分する権利があるのです。もはや旧体制下では実質的にそうであったように、農奴として土地に縛りつけられてはいないのです。無数にあった上流階級の特権と、彼自身が受けていた自由の制限はともになくなったのです。現在それぞれの所有地が査定され、権利書が発行され、実際の耕作者にその土地の権利が与えられています。ただし鉱物の権利はすべて天皇に残されており、かくして天皇は日本全土の荘園領主であるわけです。とはいえ、税収の大部分は、たとえ昨年土地税が土地評価額の二・五パーセントにまで減ぜられ、また地方行政府向けの税金——これも土地に課されるのですが——の上限が土地税の五分の一に定められたにせよ、自作農が負担しているのです。

これらの人々が自分たちに与えられたまれに見る利点を保持していけるかどうかは先を見なければわかりません。これほど無知で迷信を信じやすい人々はおそらくいないでしょう。土地を抵当に入れる便宜は多くあり、こうすれば小さな所有地は現在の自由土地保有者の手から離れ、大土地を所有する階級がそこに従属する労働人口とともども増えていくかもしれません。それを防ぐ道は、日本人の特徴である、土地に対するきわめて断固たる愛着にあります」。

このバードの洞察には感銘をうける。ただし、幕藩体制下で、藩が「親が子の面倒を見るような保護」を農民にしていた事実はない。むしろ、ほとんどの藩は、貨幣経済の発展にともない窮乏し、ヨーロッパ諸国におけるほど苛酷でなかったとしても、農民からできる限り搾取するのが通常であった。しかし、いかにバードがいうように農民に土地に対する愛着があっても、不作、凶作にさいし、所定の現金収入を得、地租を納めることは容易でなかった。このため、気候に恵まれない東北地方、新潟等の北陸地方に、止むをえず土地を手放す農民が多く、少数の大地主が生まれ、自作農は小作農に顚落した。私の記憶では、太宰治の生家も、宮沢賢治の本家も、この時期に大地主になったはずである。バードの筆致は穏やかだが、そのような将来まで見通していることは確かであり、彼女の知性を示しているといってよい。

＊

バードは第二一信と第二二信の間に特に「食べ物と料理に関するノート」という章を設けている。

「日本の食べ物についてはは手紙のなかでたいへんよく言及してきたものの、それでもまだ少ないので、手紙に出てきた二、三のつながりの深いものに関して、このノートで補足をしておきたい。

日本の食材の範囲はほぼ際限がない。とはいえ、最下層の人々の必需食料品を成しているのは、米、粟、塩魚、大根である。九〇種を超える海または川の魚が煮たり、焼いたり、あるいは生のままで食され、その大きさも鰹や鯨の切り身から、丸々一尾でもひと口より小さい小魚まであるが、小魚はふつう竹串に刺したものを宿屋の台所で多数見ることができる。鰹、鯨、強く塩をしたり干したりした鮭、なまこ、いかその他は生で食べる。ごま油で揚げて食べる魚もあり、これは揚げ物をしているのが近所にわかってしまうほどの臭いを発する。うなぎその他の美味は日本の偉大なソースである醤油を添えて供されるが、醤油は発酵させた小麦と大豆、それに塩、酢、場合によってはさらに風味を出すために酒を加えてつくり、濃い茶色をしている。いかはいつも気持ちの悪い見かけをしているし、ほかにもそういうものは多い。貝類は一三、四種類食べられ、蛤《はまぐり》、とり貝、牡蠣《かき》などがある」。

右の記述で、目につくのは「日本の偉大なソースである醤油」という表現である。現在ようやく世界的に普及しつつあるが、このような万能で保存性のあるソースはまさに日本人の偉大な発見といってよい。右の記述からみると、バードはうなぎの蒲焼をたべていないようにみえるし、庶民の副菜として重要な佃煮が記されていないのがいささか不思議である。

「鶴やこうのとりは裕福な人々の贅沢品であるが、鴨、雁、雉《きじ》、鴫《しぎ》、鷺《さぎ》、山鴫《やましぎ》、雲雀《ひばり》、鶉《うずら》、鳩は中流が食べ、神道の強いところや、仏教の生命の尊さについての教えが外国人との接触やその間接的な影響により消えてしまったところでは、鶏や家鴨《あひる》も食べる。鶉、山鴫、雉をのぞき、これらはすべて煮て調理する」。

「鶴やこうのとりは裕福な人々の贅沢品」というけれども、本当に鶴やこうのとりをたべたのだろうか。また、雲雀、鳩などを中流の人々がたべていたというのも信じがたい。鶏や軍鶏は江戸の人々はふつうにたべていたはずである。ここには牛があげられていないのが目につくが、仮名垣魯文『安愚楽鍋』は牛鍋を描いた作品であり、一八七一―七二（明治四―五）年に公表されていたのだから、少なくとも東京の当時の書生たちはすでに牛鍋というかたちで牛肉に親しんでいたのだが、地方でもぼつぼつ牛鍋が普及しつつあったのではないか。第二五信で、バードは次のとおり書いている。

「横手は人口一万人で、木綿の大きな交易場ですが、最上級の宿屋《ヤドヤ》はどこもひどいものです。醜くて臭く、わびしくて、汚くて、じめじめしていて、みじめったらしい町です。わたしが後ろ足だけで進む馬に乗って通りを行くと、人々はわたしを見ようとお風呂から飛び出してきました。男も女も一糸まとわぬ姿で、です。宿屋の亭主はとても礼儀正しいものの、わたしの部屋は暗くて汚く、竹製のはしごを上がって行きます。そして癪《しゃく》に障るほど蚤と蚊がいるのです。道中わたしは横手では毎週木曜日に去勢牛が一頭屠られると聞き、夕食にはステーキをとって、もうひと切れを旅に持っていこうと決めていました。ところが着いてみると、肉は売りきれ、卵はひとつもなく、ごはんと豆腐のわびしい食事をしてどこか満たされない気持ちを味わいました」。

前半も可笑しいが、後半のバードの気持を思いやると憐れである。売り切れていたというからには、横手でも牛肉をたべるようになっていたのだろう。「食べ物と料理に関するノート」の記述に戻る。

「野菜の種類は無限にあるが、大きな例外ひとつをのぞき、あとはきわめて無味である。大豆は一四種が食料として栽培され、そのほか豌豆、蕎麦、とうもろこし、さつまいも(最下層しか食べない)、蕪《かぶ》、にんじん、レタス、きくぢしゃ、きゅうり、瓜、マスクメロン、西瓜、ほうれん草、ポロねぎ、玉ねぎ、にんにく、チリ唐辛子、唐辛子、茄子《なす》、山芋、紫《し》蘇《そ》、とくさの一種［つくし？］、黄菊の花、蓮の根と種、くわい、里芋、ハワイのタロ芋などがある。栽培した野菜以外に、ごぼう、わらび、寒葵《かんあおい》、たで、筍（非常に美味）その他の根菜や茎を食べる。茄子は非常に広く栽培されている。鬼百合と白百合の球根も食用に栽培されている。野菜はふつう煮る。最後まで残しておいたのはすぐれた野菜、かの名高い大根《ダイコン》であるが、これには旅行者も居留者も外国人はみんな悩まされる。大根は有名な植物であるが、まったく敬意に値する！　果敢な人でも逃げ出すほどなのだから！　大根は下層階級によってどこででも栽培されて使われており、味のしない食べ物にこれで風味をあたえる。その葉は蕪の葉に似ており、美しい菜で、初冬の畑のにぎわいとなる。その根は純白で、でこぼこがほとんどなく、とてつもなく大きくしたラディッシュのように見え、ふつうの人の腕くらいに太く、長さは一フィート［約三〇・五センチ］から二フィートあまりある。この状態では比較的害はない。これを軽く干してから米ぬかとともに塩水に漬ける。大根は多孔質で、寝かせてある三ヵ月のあいだに大量の漬け汁を吸収し、その結果、それを食べているときは同じ家のなかにいるのも困難なほどの悪臭を放つようになる。わたしの知る悪臭のなかで、これよりひどいのはスカンクくらいのものである！

　きのこは干したり、ゆでたり、ソースを添えたりしたものが街道沿いのどの茶屋でも見られる」。

この野菜の記述は、翻訳に間違いがないとすれば、私には理解できない。「大きな例外ひとつ」が筍とすれば、ここに記されたすべてがきわめて無味ということになる。英国料理はまずいという定評があるが、イギリス人、バードは味覚が欠如しているといわざるをえない。大根については末尾の「三ヵ月のあいだに大量の漬け汁を吸収し」とあることからみると沢庵漬のようにみえるが、漬物については節をあらためて「漬物と香辛料は莫大に消費される。きゅうりや茄子をほかの一、二種の野菜とともに塩水、あるいは酒粕につけたもの、あるいはこれにぬかを加えて漬けたものは広く食され、食欲を増進させるものとされている。他の野菜は塩としょうがの葉で漬物にして朝一番のお茶とともに食し、湿気の影響をこれで中和するものと思われる」と記しているから、沢庵漬ではないようにバードは理解したとみえるが、沢庵漬としか考えようがない。

それにしても大根などが無味としか感じられないのは気の毒だし、この時代にすでにレタス、マスクメロン、ハワイのタロ芋などが日本で栽培されていたという記述に、かなりの驚きを覚える。

「果物はひとつの例外をのぞき生で食べるが、砂糖や香辛料は加えない。日本で最高の果実は柿《カキ》で、これは美しい樹木になる大きな黄金色の果物である。種類はいろいろあるが、おそらくいちばんいいのは固い種類で、皮をむいたあと天日で干したものは無花果《いちじく》のような味がする。枇杷はおいしく、砂糖を加えて煮る。とくにその大きな種は桃の仁に似た味をしている。ぶどうはまずまずといった程度にすぎず、オレンジも同様である。黄色と赤の木苺は野生のがあるが、イギリスの黒苺よりまずい。果物にはほかにりんご、梨、かりん、すもも、栗、桃、あんず、マスクメロン、西瓜などがあるが、酸っぱくて香りがない」。

バードにとっては生の柿も干柿も同じなのだから、やはり味覚に鈍感なのであろう。枇杷に砂糖を加えて煮るのはおそらく外国人だけで、日本人はそういう食べ方をしない。

こうみてくると、いかにもバードの味覚は貧しいとしか言いようがない。むしろ、第九信、粕壁への途中の茶屋で休憩したときの次の記述が興味ふかい。車夫が食事をとった後の描写である。

「ついでべつの女の子が膳《ゼン》という六インチ［約一五センチ］ほどの高さの小さな漆塗りのテーブル、イギリスのお茶でいうとカップ一杯ほど入る、注ぎ口と直角に中空の柄のついた小さな急須、一〇口から二〇口ほど入りそうな柄も受け皿もないカップを二個運んできます。お茶の葉はお湯をそそいで一分しか蒸らさず、浸出した液体は透明な淡い黄色で、いい香りと味がして、どんなときも気分がさっぱりしてありがたいものです。日本茶は「淹《い》れっぱなし」にしておくと、苦くなり、いやな渋味が出てきます。ミルクや砂糖は加えません」。

バードといえども、おそらくごくふつうの品質の日本茶を味わうことはできたのである。「食べ物と料理に関するノート」には、デザートから、調理方法、献立等まで詳しく記しているが、私が引用したいのは、次の調理器具に関するバードの観察である。

「調理器具はそれぞれ独特の美しさがあり、また用途に適《かな》っていて、人々は器具が清潔であり古いことを誇りにしている。宿屋の台所には横浜の骨董商の俗悪で趣のないがらくたすべてをひっくるめたほどの価値があるブロンズ製、鉄製の器具が数多くあり、とくに古くて凝った細工の鉄製やブロンズ製の湯沸かしは、デザインにおいて少なくとも奈良の正倉院のそれと同じもので、さらには形の優美さと仕上げの繊細さにおいてナポリ博物館のポンペイの部屋にある料理器具を上回る。いまわたしの目の前には時代を経たブロンズ製の優美な形をした湯沸かしがふたつあるが、これにはニエロ細工の小さな円い浮き彫りが四つか五つ飾りについており、それぞれ菖蒲、菊、あるいは桜の花を金で象眼したものが金の環で囲んである」。

私たち日本の近代化が失ったものは、こうしたすぐれた手工芸品の技術であり、それらが清潔で古いことを誇る心であった。

＊

秋田県の病院付属の医学校におけるバードの質問に対する教師の回答とバードの感想について記した第二六信の末尾を記して本章を終えることとする。

「この学校にも病院にも外国の科学や方式が浸透しています。退出する前、わたしはどんな答が返ってくるかは承知の上で、宗教は教えているのですかと教頭に尋ねました。するとこのふたりの紳士はどちらも明らかに蔑みをこめた笑い声をあげました。「わたしたちは無宗教です。学識のある者ならみな宗教などいんちきであることは知っていますよ」と教頭が言いました。

破綻した宗教の虚構に基づいて創建された天皇の玉座、ばかにする人々から見せかけの敬意をうけている国教、知識階級のあいだで猛威をふるう無神論、下層階級にいばり散らす無知な聖職者、頂点にはみごとな独裁支配を、底辺には裸の労働者を持つ帝国、最も崇高な信条は露骨な物質主義であり、その目的は物質的な幸福です。キリスト教文明の成果を改善し、破壊し、建設し、横取りしています。しかしその果実を生んだ樹木はいらないと拒む――このような対比と矛盾がどこへ行ってもあるのです！」。

近代文明はキリスト教の生んだ成果である。そのキリスト教を信仰することなく、その成果だけを奪いとる物質主義が許されるか。バードはそういう信念をもっているようである。一面で、バードの信念、信条に私は敬意を払うけれども、反面キリスト教がどれほど大きな害悪をおかしてきたか、バードにはまったく反省もなければ、おそらく知識もないことを私は遺憾とする。現代においてもキリスト教徒のイスラムに対する非寛容がどれほど大きな悲劇を地球上にもたらしているか。亡妻も、私の二人の娘も、孫もカトリックである。だから私はキリスト教、ことにカトリックに親近感をもっているけれども、無条件でキリスト教教育を押しつけるバードの態度が正しいとは思わない。ことに「破綻した宗教の虚構に基づいて創建された天皇の玉座」といった表現は天皇制に対する無智にもとづく侮蔑であり、頂点に独裁支配があるというのも誤解である。最下層の労働者についていえば、イギリスと日本とどちらがより貧しいか、慎重な検討を必要とするだろう。

バードの『日本紀行』は、多くの庶民に接し、外国人をはじめて見る地域を旅行した体験にもとづく紀行文なので、感興もふかいし、啓発されることも多い。同時に、これが、「先進国」イギリス人の見方なのだとあらためて痛切に感じる記述の多いことも事実なのである。

P・クロポトキン自伝について（その一）

石川啄木の若い晩年の詩に「はてしなき議論の後」がある。一連六行、四連から成る詩だが、その最終、第四連を示すと次のとおりである。

ああ、蠟燭はすでに三度も取りかへられ、
飲料《のみもの》の茶碗には小さき羽虫浮び、
若き婦人の熱心に変りはなけれど、
その眼には、はてしなき議論の後の疲れあり。
されど、誰一人、誰一人、握りしめたる拳《こぶし》に卓をたゝきて、
「V NAROD！」と叫び出づる者なし。

この詩は『創作』一九一一（明治四十四）年七月号に掲載の「はてしなき議論の後」連作六篇の冒頭の作であり、詩稿ノートには「一九一一年六月一五日夜」の制作と記されている。この詩の末尾に

（註。V' narod—To the People; be the People.）

という注が『創作』発表時に限って付されている。詩稿ノートの作品九篇、それにその後制作した「家」「飛行機」の二篇を加え、詩稿ノートの詩から三篇を省き、啄木は自筆詩集『呼子と口笛』を制作しているが、『呼子と口笛』に「はてしなき議論の後」を収録したときにもこの注は付していない。私はかねてこの注の出典を気がかりに感じていた。

ところが、出典は意外に手近にあった。筑摩書房版石川啄木全集第四巻に、啄木が平出修から借りて筆写した幸徳秋水の「陳弁書」が収められているが、啄木はこれに「EDITOR'S NOTES」と題する解説を付し、さらにその末尾に、

「猶予は此処に、虚無主義と暗殺主義とを混同するの愚を指摘して、虚無主義の何であるかを我々に教へてくれたクロポトキンの叙述を、彼の自伝（'MEMOIRS OF A REVOLUTIONIST'）の中から引用して置きたい」と記して、英文二段組みで六頁余を筆写して

いる。この中に

「Their watch-word was, "V naród!" (To the people; be the people.)」

とあるのを発見した。

このピョートル・クロポトキンの自伝は現在平凡社ライブラリーから『ある革命家の思い出』として高杉一郎訳で刊行されているが、啄木が英文で筆写したのはその第四部「サンクト・ペテルブルグ」の第12章で、右の言葉は高杉一郎訳では

「彼らの合言葉は「ヴ・ナロード！」(人民のなかへ)であった」。

この翻訳だと「be the people」の訳が脱けているが、「人民であれ」とでも訳すのであろうか。

それはともかくとして、そんな機会に『ある革命家の思い出』上下二巻を読み、クロポトキンの波瀾に富んだ生涯も興味ふかかったが、当時の帝政ロシアにおける農奴制とその解放、ナロードニキの時代風俗が私の想像を絶する面白さであった。

クロポトキンはその出自について、モスクワの「スターラヤ・カニューシェンナヤ街で、私は一八四二年に生まれ、人生の最初の十五年間をここですごした。その間には、父は母が死んだ家を売って別の家を買ったが、やがてそれも売り、五、六年間を借家で暮らした

あと、父が洗礼をうけた教会のすぐ近くに自分の好みにあった家を見つけて買った。そのような移転こそあったが、夏に田舎《いなか》の別荘へいくときのほかは、私たちはいつでもこのスターラヤ・カニューシェンナヤ街から離れたことはなかった」と書き、「スターラヤ・カニューシェンナヤ街」について、次のように説明している。

「クレムリンの背後にあるアルバート街とプレチーステンカ街という二つの大きな放射状の街路の間にはさまって、いまもなお旧主馬頭街――スターラヤ・カニューシェンナヤ街と呼ばれている迷路のように曲がりくねった清潔で静かな街路があるが、モスクワ全市のなかでこれほどの典型的な街はおそらくほかにないであろう。

いまからおよそ五十年ほどまえには、このあたりに旧モスクワの貴族たちが住んでいたが、その後いつのまにか姿を消してしまった。彼らの名まえは、ピョートル大帝以前のロシア史のページにはよく顔をだすが、その後ロシア帝国の建設者ピョートル大帝に仕えるためにやってきた新入りの「上下貴賤《きせん》」に席を譲って、姿を消してしまったのである。これらの古い家がらの貴族たちは、サンクト・ペテルブルグの宮廷では自分たちはもう、のけものになってしまったことを悟り、モスクワのスターラヤ・カニューシェンナヤ街や、モスクワの周辺にある絵のように美しい自分たちの領地へ隠退してしまった。そして、ネヴァ川のほとりの新首都サンクト・ペテルブルグにやってきて政府の高官になった「どこのウマの骨ともわからぬ」雑多な家族たちに、ひそかな羨望《せんぼう》のまじった白い目を向けていた」。

クロポトキン家はピョートル大帝以前からの家柄だが、彼はこう書いている。

「事実、私たちの家の家系は、きわめて古い由緒《ゆいしょ》をもっていた。しかし、ロシア史における封建時代の代表者ともいうべきリューリックの子孫の大半がそうであったように、わが家も、封建時代が終わって、モスクワで王位に即いたロマーノフ家がロシア国家の基礎をかためる仕事にとりかかると同時に、背景におしやられてしまった。近世になってからは、クロポトキン家の人間で国家的な仕事に興味をもったものは誰ひとりとしていないようである。私たちの曾祖父《そうそふ》と祖父は、どちらもまだごく若いころに軍務を退き、すぐに家代々の領地へひっこんでしまった。もっとも、ここで断わっておかなければならないのは、これらの領地のなかでも最大の領地であるウルーソヴォはリャザン県の肥沃《ひよく》な草原を望む高い丘の上にあって、その鬱蒼《うっそう》とした森や曲がりくねった小川やかぎりなくひろがっている草原の美しさは誰の心でもつよくひきつけないではおかなかったであろうということである」。

クロポトキン家は公爵であった。彼の学習については後にふれる。

＊

「この当時は、財産というものは地主が所有している「魂」の数によって数えられた。ここで「魂」というのは男の農奴のことであって、女は問題にされなかった。父は三つの異なった県にわたっておよそ千二百の「魂」をもち、農民を所有しているほかに、さらにこれらの農民に耕作させている広大な土地をもっていたので、裕福だとされていた」。

農奴を「魂」ということはゴーゴリの『死せる魂』でご承知の読者が多いはずだが、読者の記憶を喚起するため『死せる魂』について説明することとする。クロポトキンに『ロシア文学の理想と現実』（高杉一郎訳・岩波文庫）というロシア文学早わかりといった著書があるが、『死せる魂』について次のように書いている。

「農奴制度がロシアにおこなわれていた当時、あらゆる貴族の野心はすくなくとも百組ぐらいの農奴夫婦を所有することであった。農奴は、奴隷とおなじように売られていたし、ひとりひとり別々に買うこともできた。そこで、ある貧乏貴族のチチコフは、すばらしいプランを思いついた。戸籍調査は、十年ごとか二十年ごとにしか行われないが、それぞれの農奴所有者はその期間がはじまるまえの戸籍調査の際に所有していた男の農奴について、たとえその後幾人かの農奴が死んでいても税金を払わなければならなかった。そこでチチコフは、この変則を利用しようと思いついたのである。死んだ農奴なら、ごく安い金で買えるだろう。地主は厄介者ばらいができるのがありがたいから、二束三文で売りとばすことは請けあいだ。チチコフは、この架空の農奴を二、三百買った上で、どこか南方の大草原に安い土地を買い、そこへそれらの死んだ農奴を書類上移し、彼らが実際にそこへ植民したように登記して、この新しい財産を国立地主銀行へ抵当に入れる。こういうふうにすれば、彼はやすやすとひと財産つくることができるだろう」。

こうしてチチコフがこのプランを実行するのだが、『死せる魂』はロシアの農奴制なくしてはありえない傑作である。このとき、私は農奴を「魂」とよぶのはゴーゴリの比喩かのように思った記憶があるが、クロポトキンによれば、農奴を「魂」とよぶのがふつうだったようである。クロポトキンの父親は裕福だという評判にたがわぬ生活をしていた。

ということは、「父の家庭はどんなにたくさんの来客でも迎えることができたし、使用人の数も多かった」と書いた上で、次のとおり続けている。

「私たちの家族はいつもは八人で、ときに十人か十二人になった。それがモスクワに五十人、田舎《いなか》に二十五人余りの召使をもっていたが、これはけっして多すぎるとは考えられていなかった。十二頭のウマを世話する馭者《ぎょしゃ》が四人、主人たちのためのコックが三人、召使たちのためのコックが二人、食事のときの給仕が十二人（これは、食卓にすわっている人の背後にそれぞれ一人ずつ皿《さら》を手にして立つのである）、それに女中部屋にいる数えきれないほどたくさんの女中。——これより少なくては誰だってやっていけないだろう」。

ピアノの調律師もいれば、高級菓子店で修業してきた菓子職人もいる。

「刺繡、馬具、家具、そのほかなんでも、自分の家の使用人につくらせるというのが、裕福で尊敬を集めている地主の理想であった。召使たちの子どもは十歳になると一流の店に徒弟奉公にやられることになっていて、そこで五年か七年の間おもに拭き掃除をやらされたり、信じられないくらいなんども鞭《むち》で打たれたり、いろんな種類のお使いで町を走りまわらされたりした。正直な話が、腕を身につけて帰ってくる者などはめったになかった。裁縫師や靴屋《くつや》は召使の服や靴をつくるのがせいぜいで、晩餐《ばんさん》会で上等のケーキが必要だということになると、すぐにトランブレに注文をし、当の菓子つくりのほうはバンドにはいって太鼓をたたいているというのが実状であった」。

トランブレはモスクワの高級菓子店のようである。バンドはお抱えの室内楽団のようなものらしく、第一ヴァイオリンだけは他の仕事についていなかったが、その他のヴィオラ、クラリネット、トロンボーン、バスーン、第二ヴァイオリン奏者などはみな召使が兼ねていた、とある。

「ところが日常生活のつましさは、私がここにそのことを書いても誰も誇張だといって信用しそうもないようなものだった。フランスの王位を要求したことのある名家があって、その家の狩猟パーティはほんとうに王家のものにふさわしいという評判であったが、そんな名家でも日常生活は獣脂ろうそくの数まで数えて使うようなつましさだという評判だった。私の家でもこれと同じような、けちに近い倹約が何事によらず行なわれていた。そのために私たちは大きくなってから、節約とか勘定ということをひどくきらうようになった。ところがスターラヤ・カニューシェンナヤ街では、このような生活態度は父の評判を高めるばかりであった」。

クロポトキンは幼年時、生母と死別し、父は再婚した。兄のアレクサンドルと彼の教育のためにプーランというフランス人の家庭教師が高給で雇われ、スミルノーフというロシア人の学生がほんの僅かばかりの安月給で雇われたという。プーランからフランス語の文法・会話・歴史・地理を教えられ、夕食後、モスクワ大学法科の学生からロシア語文法、ロシアの歴史、数学を教えられたという。

＊

クロポトキンは「そのころ、農奴制はもう終りに近づいていた。この制度はごく最近の――それもついきのうのことと思われる歴史的事実である。しかも現実に農奴制がどういうものであったか知っている者は、ロシアにさえほとんどいない。この制度が生みだした状態がきわめて悪いものであったことは漠然《ばくぜん》と想像されてはいるが、しかしその状態がはたしてどんな影響を人間の肉体と精神にもたらしたかということは、ほとんど理解されていない。ある制度が存在しなくなってみると、その制度とその社会的な結果というものがどんなに急速に忘れさられてしまうものか、またそれとともに人間やいろいろな事物がこんなに急速に変化するものか、思えばまことに驚くべきものがある。そこで私は農奴制のもとにおける生活状態を、人聞きからではなく、この目で目撃したことから述べてみよう」といって、いくつかの挿話を記している。

それらの挿話の二、三だけ紹介する。

「あるとき、ある地主がもう一人の地主にいった。「どうして、お宅の領地の農奴はあんなにふえかたが遅いのですか。あなたは農奴たちの結婚の世話をしてやらないのでしょう。」数日後にその将軍は領地へもどると、自分の村の住民の名簿をもってこさせ、なかから十八歳に達した青年たちと十六歳をすぎた娘たち――これがロシアにおける法律上の結婚年齢だった――の名まえを抜きださせ、「イワンはアンナと、パーヴェルはパラーシュカと結婚すべし」というようなぐあいに五組の夫婦を書きあげ、「この五組の結婚式は十日以内、すなわちつぎのつぎの日曜日までにとり行なうべきこと」と書き加えたのであった。

村じゅうに絶望の叫び声があがった。どこの家でも女という女は、老いも若きもみな悲嘆にくれた。アンナはグレゴリイと結婚するつもりでいた。パーヴェルの両親はフェドートフ家の親たちに話して、やがて十六になるその娘をもらうことにきめてあった。おまけに、それは耕作の季節で結婚の季節ではなかった。それに十日以内にどんな結婚の準備ができようか？　数十名の農民たちが地主に会いにいった。百姓女たちは組になって地主の屋敷の裏門のところにいき、りっぱなアマ布を奥さんへ贈って、とりなしてもらおうとしたが、みんなむだだった。将軍は、いついつまでに結婚しろといって、頑《がん》としてうけつけないのである。

定められた時刻になると、むしろ葬式の行列といったほうがふさわしい結婚の行列が教会へいき、女たちは葬式のときのようにいつまでも泣き崩れている」。

この挿話はまだ続くが、ここで止めることとし、別の挿話を紹介する。

「このような強制結婚は、わが家の召使たちの間でもあたりまえのことであった。そのために、若い男女がすこしも結婚の意思がないのに結婚を強制されそうだと見てとると、その二人は先手をうって、どこかの農民の家にいき、その家に生まれたばかりの赤ん坊の名づけ親になる。こうすれば、ロシア教会の定めるところによって、二人は結婚できなくなる。この作戦はたいていは成功するが、あるときそれが悲劇的な結末をもたらしたことがあった」。

ロシア教会の定めるところにしたがって強制結婚を避けるためには強制結婚させられそうだと察知していなければならない。引用を続ける。

「わが家の裁縫師アンドレイが、近くの貴族の女中と恋におちいったことがあった。アンドレイはいくらかの年賦金を払って父から自由にしてもらい、ひとり立ちの洋服屋となって仕事に励み、いくらか貯金ができたら相手の娘の自由を買いとりたいと計画していた。そうしないで、もしその娘が父の農奴のままのアンドレイと結婚すれば、彼女もまた父の農奴にならなければならないからである。ところが、アンドレイは私の家の女中との結婚を強制されそうだと見てとったので、二人は相談のうえある赤ん坊の名づけ親となった。彼らの予想はたがわず、ある日二人は父に呼びだされて結婚するようにいいつけられた。「私どもはいままで一度もおいいつけにそむいたことはございませんが、数週間まえにある赤ん坊の名づけ親になりましたので」とアンドレイは答え、ついで自分の希望と意向を父に伝えた。その結果はどうかというと、彼は徴兵局へ送られて兵隊にされてしまったのである」。

クロポトキンの父親から強制結婚させられそうだと察知した女中がせっかくアンドレイと協力して赤ん坊の名づけ親になったのに、二人の努力はクロポトキンの父親の恣意によってロシア教会の定めもふみにじられ、空しい結果となったのだが、アンドレイこそ悲惨であった。

「ニコライ一世のころは、今日見るようなすべての国民に対する義務兵役制度はなかった。貴族と商人は徴兵を免除されていて、新兵の徴募数を割り当てられた場合は、地主は農奴のなかから一定数の男をさしだすことになっていた。一般に農民たちはそれぞれの村ごとに誰を出すかをきめたが、屋敷のなかで働いている農奴についてはまったくその主人の自由かってで、誰か気にいらない者があれば、すぐに徴兵局へ送って、そのかわりに兵役免除証を手にいれたものである。この免除証は、誰でも兵隊にならなければならない者に売ることができるので、たいへん高価なものであった。

当時の兵役はまことにひどいもので、現役を二十五年もつとめなければならず、しかも兵隊生活はお話にならないような苛酷なものだった。兵隊になるということは、生まれ故郷や父母兄弟から永久にひきさかれて、まえに述べたチモフェーエフ将軍のような将校に思うままこきつかわれるということであった。ほんのちょっとした過失に対しても、将校の殴打やシラカバの鞭《むち》や杖《つえ》による笞刑が日常茶飯事のように行なわれ、その残酷なこと想像にあまるものがあった。貴族の子弟だけが教育されている陸軍士官学校でさえも、わずかにタバコ一本のことで、全校生徒をまえにシラカバの鞭で一千回もぶんなぐることがあった。鞭打たれる生徒のそばには軍医が立っていて、脈搏《みゃくはく》がとまりそうになったときになってはじめて、中止を命じるのである。血まみれになった犠牲者は意識不明のまま病院へ運びこまれる。毎年一、二回こういう事件のおこらない士官学校の校長は、教育総監ミハイル太公から「軍紀が弛緩《しかん》している」という理由でただちに免職にされたことであろう」。

クロポトキンの兄アレクサンドルは陸軍士官学校に進んだので、この部分は兄から聞いたことであろう。

「それがふつうの兵隊になると、もっとずっとひどくなる。ある兵隊が軍法会議にかけられたときの宣告はつぎのようなものであった。——千名の兵を向いあわせに二列に整列させ、それぞれの兵には小指の太さの鞭（この鞭はドイツ語をそのままシュピッツ・ルーテン＝尖頭鞭と呼ばれていた）を持たせ、被告を三度、四度、五度、七度とその列中をひきずるさいに、おのおのの兵にかならず一回打擲《ちょうちゃく》せしむべし。——このとき、数名の軍曹が被告のあとをつけて、兵隊たちが思いきり殴っているかどうか監視しているのである。一千回か二千回うたれると、犠牲者は血を吐いて病院にかつぎこまれるが、このときもなお軍曹がつき添っていて、もし被告が最初の処罰からいくらかでも回復すると、さらに処罰を続行するし、この拷問の結果死亡すれば、そのときはじめて軍法会議の宣告の執行は被告の屍《しかばね》の上で完成するのである。ニコライ一世と皇弟ミハイルは無慈悲な人間で、減刑などということは絶対に思いもよらないことであった。「列中をくぐらせるぞ。鞭の下で皮をひんむいてやるぞ」という言葉は当時はやりの脅《おど》し文句であった。

わが家の召使のうちから誰かが徴兵局に送られるということがわかると、家じゅうには暗い恐怖の感情がみなぎるのだった。本人は自殺しないように鎖でしばられ、事務所で監視される。やがて百姓馬車が事務所のまえにやってくると、彼は二人の監視人にはさまれて連れだされる。召使たちは全員がいままでの仲間をとり囲む。彼はていねいにお辞儀をし、いままでみんなをわざと怒らせたり、自分では気がつかずに怒らせたようなことがあったら、みんな許してくれという。もしその男の父や母が領地の村に住んでいれば、彼らも見送りにやってくる。すると彼は両親のまえで、地面につくまでふかく頭を下げる。母や身よりの女たちは彼らの悲しみを、半ば朗唱のように、半ば叙唱のようにうたいだす。「私たちを捨てて、おまえはどこへいこうというのか？　見知らぬ土地で、誰がおまえの面倒をみてくれるだろう？　無慈悲な人たちから、誰がおまえをまもってくれるだろう？」――その言葉も、うたいかたも、葬式の悲しみの歌とまったく同じものであった」。

正視にたえない農奴の運命だが、ニコライ一世は一八二五（文政八）年即位、一八五五（安政二）年没、その前年に日露和親条約が締結されており、そう昔のことではない。ニコライ一世の治政の間、レールモントフは『現代の英雄』を、トルストイは『幼年時代』を発表している。ちなみに、ニコライ一世の死により即位したアレクサンドル二世の治政は一八八一（明治十四）年、彼が暗殺されるまで続いたが、その治政の間、ツルゲーネフ『父と子』、ドストエフスキー『罪と罰』、トルストイ『戦争と平和』『アンナ・カレーニナ』などが発表されている。それ故、クロポトキンは一八四二（天保十三）年生まれ、一九二一（大正十）年死去している。それ故、ニコライ一世が死去したとき十三歳だから、ニコライ一世の治政の末期を体験しているわけである。

農奴に関してもう一つだけ記す。クロポトキン家に、ポーリャとふつうはよばれていた、正しくはポリーナという名の女中の話である。彼女は刺繡《ししゅう》の徒弟奉公にやらされたことがあって、その仕事にかけては素晴らしい腕をもっていた、という。

「その彼女に不幸が降りかかってきたのである。彼女は自分がまもなく母になることに気がついたので、なにもかも私たちの継母にうちあけたところが、継母は真っ向から彼女を責めたてるのだった。「そんなけがらわしい人間は、家におくことはできない。わが家のなかに、そんな恥を見のがしておくことはできない。この恥知らず者めが！」エレーナの涙ながらのとりなしも、なんの役にもたたず、ポーリャは髪を短く切られて搾乳場へ追いやられてしまった。しかし彼女はそのときものすごくりっぱなスカートの刺繡がやりかけだったので、搾乳場の不潔な小屋のおそろしく小さな窓の下でそれをしあげさせられた。彼女は継母から許してもらいたいばかりに、いつもよりもずっと美しい刺繡をしあげたが、ついに許しはえられなかった」。

エレーナはクロポトキンの姉、クロポトキンらの実母は「すらりとした背丈、ふさふさとした濃い栗《くり》いろの髪の毛、黒味がかった茶いろの目と小さな口もと」をもち、知性的で芸術家の素質をもっていたが、舞踏会で風邪をひき、肺炎をおこして、彼らの幼少のころ他界した。その二年後に父親は再婚した。継母は父親が属していた第六軍団の司令官でニコライ一世のお気に入りの人物の妻の姪であり、「古典的なギリシア型の顔で、たいへんな美人だという評判であった」と書かれている。ポーリャの話はまだ終っていない。

「彼女のお腹のなかの子どもの父親である近所の家の召使も、継母のところへ彼女との結婚を許してもらいにきたが、身代金をだすことができないので、その願いは拒絶された。ポーリャの「あまりにも上品な挙措」がかえって仇《あだ》となって、そのうえさらに残酷な運命が彼女を待ちかまえていた。私たちの家に、背が低いので左馬駆者《ぎょしゃ》をやらされている通称「ワニ足のフィルカ」という男がいた。子どものときウマにひどく蹴《け》られて、それ以来大きくならなかったのである。彼の脚《あし》はねじれ、足は内がわに向き、鼻は欠けて片がわに曲がり、顎《あご》はゆがんでいた。この化けもののような男のところへポーリャを嫁《とつ》がすこととなり、彼女はむりやりに結婚させられてしまった。そして二人は、リャザン県にある父の領地へ農民として送られたのであった。

人々は農奴に人間的な感情があるなどということは認めなかったし、考えてみもしなかった。ツルゲーネフが短篇『ムムー』を発表し、グリゴローヴィッチが農奴の不幸を描いた感動的な小説を書いて読者の涙をしぼったとき、多くの人たちにとってそれはびっくりするような発見だったのである。「農奴たちが私たちと同じように恋をするなんて、ほんとうかしら?」フランスの小説を読めばかならずそこに出てくる貴族の主人公や女主人公の悩みに涙を流さないではいない感傷的な貴婦人たちが、そういったのであった」。

フランスの小説にかならず貴族の主人公や女主人公が出てくる、というのはクロポトキンの書き損じであろう。ただ、肝心なことは、ロシアの貴族の女性たちが「農奴たちも恋をするとは信じられない」ような人々であったという事実である。

もう一つ気になることは、ポリーナが結婚した馭者の容貌が醜いことをクロポトキンは書いているけれども、彼がどんな心の持主であったか、ポリーナに愛情をもったかどうか、賢いか愚かか、といった人格にはふれていないことである。容貌が醜いからといって、結婚が必ずしも不幸とは限らない。クロポトキンはそうした内面にふみこんでいない。また、それほどの刺繍の名手を馭者と結婚させ、農民として追放することとは、クロポトキン家としては損失なのだから、クロポトキンの継母と父親は、感情的に彼女に処罰を加えたということではないか。この挿話については、クロポトキンの叙述は充分とはいえない感がある。

＊

『ある革命家の思い出』の第二部「近習学校」は次の文章ではじまる。

「父がながいこと夢みてきたことが、ついに実現した。近習学校に欠員ができて、私が入学の適齢に達するまえにその欠員のあとを埋めることを許されたのである。私はサンクト・ペテルブルグに連れていかれて、近習学校に入学した。この学校は、特権をあたえられた陸軍の学校と皇室に付属している宮廷学校とをいっしょにしたような特権的な学校で、ここで学んでいる生徒は僅《わず》かに百五十名、それもたいていは宮廷に属している貴族の子弟たちであった。近習学校に四、五年在学して卒業試験に合格した者は、近衛《このえ》連隊でもそのほか希望によってどこの連隊でも、欠員の有無に関係なく、将校として入隊できることになっていた。それに毎年、頭から十六名の最優秀な生徒は、「近習」に任命される。つまり彼らは、皇帝、皇后、太公、太公妃といった数名の皇族のおそばづきになるのである。

もちろん、これはたいへんな名誉と考えられていた。それに、この名誉をあたえられた青年は宮廷にも知られるようになり、皇帝や太公の副官に任命される機会も多く、ひいては国家に奉公して輝かしい立身の道をえることも容易だった」。

「学校は五つの級に分かれており、最上級が第一級、最下級が第五級で、私はその第四級にはいるつもりでいた。ところが、試験のとき私が小数がよくできなかったのと、その年には第四級が四十名もあったのに第五級がわずか二十名しかいなかったので、私は第五級に入れられた。

この決定に私はひどく悩んだ。いやいやながら陸軍の学校にやってきたというのに、四年ですむところを五年も在学しなければならないのである。第五級で教えることはもうなんでも知っているというのに、第五級へはいったところで、なにをすることがあるだろう?」。

一八六一（文久元）年三月、皇帝アレクサンドル二世は農奴解放令を公布した。クロポトキンは「私がまだ寝床のなかにいるとき、私の当番兵のイワーノフがお茶の盆を手にしたまま、「公爵殿、解放です！　宣言がゴスチーノイ・ドヴォール（近習学校の向いがわの市場）に貼ってあります」と叫びながらとびこんできた」と記し、その後に宣言書を読んだときの感想を次のとおり書いている。

「私は宣言書を何度もくり返して読んだ。それはモスクワの老府主教であるフィラレートが起草したもので格調の高い文体ではあるが、ロシア語と古代スラヴ語が不必要に入りまじっていて、意味が曖昧《あいまい》になっていた。それは自由でもあり、また自由でもなかった。農民たちは一八六三年二月十九日まで、今後さらに二年以上も農奴でいなければならないのである。それにもかかわらず、一つのことだけは明らかになった。つまり、農奴制度が廃止されたこと、解放された農奴は土地と家屋敷を手にいれることになるということだ。それには金を払わされることになるだろうが、しかしともかくも奴隷制という古い汚点は除かれたのである」。

和田春樹編『ロシア史』には次のとおり説明されている。

「一八六一年二月十九日農奴解放令は皇帝の裁可をえた。農奴は二年間の準備期間をへて、一八六三年二月十九日に人格的に解放される。農奴には土地が与えられる。その土地の面積と旧領主にたいする義務を定めた「土地証書」が農民共同体と旧領主のあいだに取り交わされる。これを取りまとめるのに仲介するのが、旧領主層から政府が任命する「調停官」である。このように人格的に解放され、土地をえて、義務を支払うのが一時的義務負担農民である。つぎの段階は分与地の買取りであり、義務の年額を六％で資本還元した額が決定され、農民がその二〇％を現金で、残りを国家が五％利付公債で旧領主に与え、農民は四九ヵ年年賦で国家に返済すると定められた。このように土地の買取りをおこなった農民は「農民＝所有者」と呼ばれる。農民は共同体を基礎とする身分自治団体、村団に組織され、分与地は村団に与えられ、買取り金の返済にたいして村団が連帯保証することになった。農民は解放されたが、個人としての解放ではなく、身分的・共同体的自治機関、村団の一員として解放されたのである」。

クロポトキンの叙述に戻る。

「私は一八六一年の八月にニコールスコエにいき、一八六二年の夏にもまた出かけたが、農民たちがこの新しい条件をうけいれているそのおだやかで賢明な態度につよくうたれた。彼らは土地取得税を払うのがどんなにつらいことか、完全に承知していた。土地取得税などといっても、じっさいは農奴としての義務を果たすかわりに貴族に払わされる補償金のようなものではないか。しかし彼らは自分たちを奴隷状態につきおとしていた条件が廃止されるという事実をきわめて高く評価したので、人間的な自由がえられたその瞬間に、この破壊的な課税金を――すこしも文句をいわなかったわけではないが――つらい必然としてうけいれたのであった。そして最初の一ヵ月は、金曜日に働くのは罪悪だといって一週に二日の休みをとっていたが、夏になるといままでよりもはるかに精力をかたむけて仕事に励むようになった。

解放から十五ヵ月後にニコールスコエの農民たちに会ったとき、私は彼らに感心しないではいられなかった。生まれつきの善良な性質と優しさとはいままでどおりに残っていたが、奴隷根性の痕《あと》はすっかりなくなっていた。彼らはかつての主人と話をするにも、いまとはちがった人間関係などいままで一度もなかったように、対等の人間として話していた」。

「地主はどうかというと（中略）若い世代の地主の間からは「平和調停者」や「平和の裁判官」のすぐれた人材がたくさん出て解放の平和的な解決に多くの寄与をしたが、古い世代の大半は解放された農奴に与える土地の補償としてうけとるはずになっているかなり大きな額の金――当時の時価よりもはるかに高く評価されていた――をはやくも割り引いて前借していた。彼らはその金をペテルブルグやモスクワのレストラン、賭博《とばく》場の緑いろのテーブルの上でどうやって使い果たそうかと思いめぐらしていたが、その金を手にするやいなや、そのほとんどすべてをじっさいに使い果たしてしまった」。

＊

「この遠い昔のことをふり返ってみると、私は最下級に入れられたことを感謝しないではいられない。最初の一年間はすでに知っていることのくり返しにすぎなかったので、学課は先生が教室で話すことを聞いているだけで頭に入れる習慣をつけた。それで授業が終わると、心ゆくまで読んだり書いたりする時間があった。試験勉強もやったことがなく、そのためにあてられた時間は、二、三人の友人に声をだしてシェークスピアやオストローフスキイの戯曲を読んで聞かせてはすごした。そのおかげで、もっと「専門的な」上級にすすんだときも、私はほかの生徒よりもかえってさまざまな学科を理解する準備ができているという利点があった」。

近習学校でも、上級生による下級生いじめがあったようである。

クロポトキンが読書していると、上級生が駆け足をしている下級生の仲間にはいれと言った。クロポトキンが断ると、「彼はその軍帽で私の顔をぶんなぐろうとしたが、私はうまく身をかわしてしまった。そこで彼は軍帽を床の上に投げつけて、「拾え！」といった。「自分で拾えばいいじゃないですか」と私は答えた。こんな反抗的な態度は、学校始まって以来のことだった。なぜ彼がその場で私を徹底的になぐらなかったのかわからない。彼は私よりもずっと年上で、しかも強かったのに」と記している。

クロポトキンには理不尽なことには絶対に屈しないという固い決意があり、それが態度、表情にもあらわれていたので、上級生はむしろ臆したのではないか。同種のいじめに対して立ち向かった挿話は他にも記されているが省くこととする。

「一八六一年の六月に、私は近習学校の曹長《そうちょう》に任命された。じつをいうと、ある将校たちは私が曹長では「軍規」が保たれないといってそれには賛成しなかったのであるが、上級の首席の生徒が曹長に任命されるしきたりだったので、どうすることもできなかった。私は数年間ひきつづいてクラスの首席だったからである」。

クロポトキンは抜群の秀才だったにちがいない。

「この任命は非常に羨《うらや》ましいものとされていた。曹長は校内で特権的な地位を占め、将校待遇をうけるからばかりでなく、とくにさしあたって皇帝の近習になるので、皇帝に個人的に知られることはもちろん、さらに抜擢《ばってき》されるための踏み石になると考えられていたからである」。

こうした恵まれた役職に就いたクロポトキンが見聞したもの、その感想は次のようなことであった。

「宮廷生活にはたしかに絵のように美しいものがたくさんあった。優雅に洗練された作法——表面的なものではあるが——きびしい礼法、まばゆいばかりの環境などをそなえて、それはすこぶる印象的であった。大きな接見式などはすばらしい美観であり、皇后がわずか二、三人の貴婦人を引見するのでも、ゆたかに飾りたてられた宮廷の応接間で行なわれると、ふつうの訪問とはまるで違ったものになった。——賓客が金糸で刺繡《ししゅう》した制服の侍従に先導されてはいると、主人役の皇后がまばゆいような制服を着た近習たちや女官の一行を従えて現われ、すべては目ざましいばかりの荘厳さのうちにとり行なわれるのである。このような宮廷の儀式のなかで、主役ともいうべき人々につき添って、ある役を演じることは、私の年輩の少年にとってたんなる興味以上のものがあった。それに、そのころの私はアレクサンドル二世を一種の英雄のように思っていたのである。当時の皇帝は、毎朝六時には政務をとり始めて、農奴制の廃止をその第一歩とする一連の改革を行なうために強力な反動連中と悪戦苦闘している最中であった。

しかしだんだんと宮廷生活の見世物的な側面をたくさん見せつけられ、ときどきは舞台裏で行なわれていることも覗《のぞ》くようになると、私はこれらの見世物や彼らが隠そうとしていることがらがむなしいばかりか、宮廷があまりにもこれらの些事《さじ》に夢中になりすぎているため、これよりもはるかに重要な問題を考慮するいとまもないということに気がついてきた。これらの演技をやっているうちに、現実が見失われてしまう場合が多いのである。それからは、私がアレクサンドル二世の背後に想像していた光背は徐々に色あせていった。始めのうちは宮廷にもっとも近い世界で役にたつ活動をしてみようという幻想をいだいていたかもしれなかったのだが、その年の終りごろには、そんな幻想などぜんぜん残っていなかった」。

クロポトキンは一八四二年生まれだから、宮廷で役立つ仕事をしようといった「幻想」に見切りをつけたのは二十歳にもなるか、ならぬ若さであった。

＊

第三部「シベリア」は、一八六二年五月中旬、クロポトキンは級友たちが入隊を希望する連隊の名簿をつくるように命じられ、彼らの大半が「皇后陛下付胸甲騎兵連隊」「近衛騎兵連隊」などと答えた名簿をつくり、最後に彼自身は「アムール川カザーク騎兵連隊」と書いたことからはじまる。

「私が名簿にそう書きいれると、級友たちはみんなびっくりしてしまった。「遠すぎるよ」とみんなはいった。そのうちに友だちのダウーロフが将校便覧を手にとって読みあげると、そこにいあわせた全員がおそれをなしてしまった。「制服は黒色にして、その襟《えり》は縫飾りなき赤一色。イヌまたはその他の毛皮にてつくれる縁なし帽。ズボンは灰いろ」」。

クロポトキンの夢は大学に入って勉強し、学生生活を送ることであったが、そうすることは父親の野心に背くこととなるので、父親と縁を切って自活することになるが、家庭教師などをして生活していくにしても、その第一歩をどう切りぬけるか。その見通しが立たないまま、関心がシベリアに向かったのであった。彼はアムール川地方の地理に興味があり、また、「これから行なわれようとしている大改革を適用することのできる広大な場所があるが、そのために働く人間がごく少ないにちがいないから、私は自分の好みにあった活動の分野を見つけることができるだろうと推論した」という。シベリア行については父親の反対もあった。しかし、たまたまミハイル大公の巡視と出会い、なぜアムール川地方に行こうというような気まぐれをおこしたのか、と訊ねられ、総督に推薦状を書いてやろう、と言われ、このミハイル大公の口添えによって父親もシベリア行を許すこととなった。

「私がシベリアでおくった五年間は、人生と人間の性質についてのほんとうの教育を私にほどこしてくれた。私はあらゆる種類の人間と接触した。最善の人間と最悪の人間、社会の最上層に立っている人間とどん底にあえぐ人間——浮浪者や救いがたい犯罪者——、そのいずれとも知りあった。私は農民たちの日常生活における習慣を思う存分観察することができたし、また政府の行なう政治が、たといどんなにいい意図のもとに行なわれたにしても、農民たちの生活をうるおすことはほとんどないということも観察することができた。それよりもなによりも、馬車や汽船や小舟や、とくにウマの背にまたがって旅した五万マイルを越えるこの大旅行は、私のからだを鍛えるのに驚くべき効果があった。またこの旅は私に、人間がひとたび形式的な文明にうつつをぬかしている小さな集団の外に出さえすれば、ほんとうに必要なものはごく僅《わず》かですむということを教えてくれた」。

「シベリアは一般にそう思われているように——多くのロシア人すらそう思っている——追放者だけが住んでいる雪におおわれた凍土ではない。その南部は、カナダの南部と同じように自然の産物に富み、自然の景観も非常に似かよっている。五十万の土着民のほかに、四百万人以上のロシア人が住んでいる。西シベリアの南部は、モスクワ北方の諸県と同じように、まったくロシア的である。一八六二年には、シベリアの最高行政当局はロシア本土のどの県よりもはるかにひらけていたし、なにつけてもはるかにまさっていた」。

私が驚いたのは次の記述である。

「アムール川の左（北）岸と、南はピョートル大帝湾（ウラジウォストーク）にいたるまでの太平洋沿岸にひろがる厖大《ぼうだい》な地域は、ムラヴィヨーフ伯爵がサンクト・ペテルブルグ当局の意に反して、したがってもちろん政府の援助などはほとんどなくてロシアに併合したものである」。

大蔵省も外務省も反対したので、ムラヴィヨーフは人口稀薄な東シベリアがこの大事業のために割《さ》きうる僅かばかりの財源でやっていかなければならなかった、とある。

「名目的な占領だけではなんの役にもたたない。そこで計画は、アムールの大河とその南方の支流であるウスリイ川に沿って、全長二千五百マイルの間に自給できる移民部落の連鎖をつくり、これによってシベリアと太平洋沿岸との間に規則的な交通路を確立しようということになった。移民部落をつくるためには人間が必要だが、東シベリアの稀薄な人口ではとうていそれを補給することはできないので、やむなくムラヴィヨーフは非常手段に訴えた。刑期を終えて釈放された囚人が帝室の御料鉱山の農奴となっていたが、彼はこれを解放してザ・バイカーリア州のカザークを組織し、その一部をアムール川とウスリイ川に沿って定住させて、二つの新しいカザーク部落をつくらせた。それからムラヴィヨーフは、懲役囚千名（その大半は強盗と殺人犯）を釈放して自由な人間としてアムール川の下流に定住させた。彼はみずから見送りにきて、いよいよ別れるときになると岸辺に立ち、彼らにこう演説した。「わが子らよ、いけ。いって自由な人間となり、土地を耕してロシアの土とし、新しい人生に旅だて！」ロシアの農民の女たちは、夫がシベリアへ懲役に送られれば、ほとんどかならずといっていいくらい自発的に夫のあとについていく。そこでこれら将来の植民者たちの多くは家族を伴っていた。ところが家族のいない連中が、思いきってムラヴィヨーフにこういった。「女房のいない百姓仕事なんてありません。私たちもぜひ女房がほしいです。」すると彼は、その土地にいたおよそ百名の懲役の女囚を全員釈放して、彼女たちに気に入った夫を選ばせた」。

「このときからおよそ六カ年後に、私はこれらの移民たちに会った。彼らが定住した土地は処女林を切りひらくことから始めなければならなかったので、部落は貧しかった。しかしすべてを考えあわせてみると、この移民は失敗ではなかった。ムラヴィヨーフの結婚も、ふつうの結婚に比べてより不幸というわけではなかった」。

ムラヴィヨーフはクロポトキンが赴任する直前の東シベリア総督であった。クロポトキンは「彼はきわめて知的で、きわめて活動的な、たいへん愛想のいい、国家の利益のためには身を粉にして働こうとする人物であった。あらゆる政府派の活動家がそうであるように、彼もまた心の底では専制主義者の一人であったが、しかしきわめて進歩的な意見をもっていて民主主義共和国ぐらいでは満足できないところがあった」と評している。

クロポトキンが赴任したのは一八六二（文久二）年だから、ロシアによるシベリア併合はまさにわが国の開国直前に行われたのであった。私はこういう事実を知らなかったことを恥じ入っている。

*

クロポトキンはアムール川とその流域を冒険旅行に近い苦労をかさねながら調査している。アムール川について次の記述がある。

「スンガリイ川をあわせたあとのアムール川がどんな大きな川になるか、また荒れ模様のときにどんな巨大な怒濤《どとう》をまきおこすかは、アムール川を見たことのある人か、ミシシッピイ川や揚子江《ようすこう》を知っている人でもなければ、とうてい想像もできないだろう。七月にはいって季節風とともに雨季がやってくると、スンガリイ川やウスリイ川やアムール川の水量は想像もつかないほどふくれあがり、いつもはヤナギの茂みにおおわれている何千という低い島々は水びたしになったり押し流されたりして、川幅はところによって、二、三マイルから五マイルにまでも達し、水は支流や本流沿いの低地に散在している湖に殺到していく。そして東のほうから疾風が流れに逆らって吹きつのると、セント・ローレンス川の河口で見るよりももっと高い怒濤が本流にも支流にもまきおこる。とくに台風がシナ海におこってアムール地方一帯を吹き荒らすときには、もっとすさまじい状態になるのである。

私たちは、一度そのような台風を経験した。そのとき私はブラゴヴェーシチェンスクでマローフスキイ少佐に合流して、甲板のある大きな船に乗っていた。少佐は風の真向いに船首を向けて詰開《つめひら》きで帆走できるように帆装を完全に整備してあったが、暴風が吹き始めると私たちは船を川の風かげに寄せ、小さな支流に避難所を見つけるのがようやくだった。私たちはそこに二日間とどまっていたが、その間にも嵐《あらし》はますます荒れ狂うばかりで、私が危険をおかして近くの森のなかに二、三百メートル足を踏み入れてみると、たくさんの巨木が私のまわりでつぎつぎに吹き倒れるありさまなので、さっそくひきあげなければならなかった。そのうちに、貨物船隊のことが心配になってきた。もしあの朝、貨物船隊が水上にあったとすれば、風かげにたどりつくことなどとうてい不可能で、荒れ狂う嵐を真向いに受け、岸にたたきつけられて難破してしまったにちがいない」。嵐がやや衰えを見せ、出航、やがて「約二千トンの貨物を積みこんだすくなくとも四十艘の船が失われてしまったこと」を知り、二千マイルを溯行《そこう》することとなる。私は台風は日本を除けば、中国大陸や朝鮮半島の一部を掠めるだけだと思ってきたから、台風がシベリアでそれほどの猛威をふるうことは意外であった。この二千マイルの旅行の苦難の記述は省略する。

「シベリアの最高行政当局はすぐれた意図の影響をうけていて、あらゆる点を考慮してみてもロシアのほかの地方の行政当局よりもはるかに優秀かつ進歩的で、その地方の福祉に強い関心をもっていたと私はくり返し断言することができる。しかし結局それは一個の行政機関——サンクト・ペテルブルグに根をもっている大樹の一本の枝——でしかない。その事実だけでも、シベリア行政当局のすぐれた意図を骨ぬきにして、逆に地方の自主的な生活と進歩のあらゆる芽ばえをつぶすのには十分だった」。

こうした失望のあげくであろうか。クロポトキンはこう書いている。

「私はだんだん自分の精力を科学的探険のほうに向けるようになった。一八六五年に私は西部サヤーン山脈を探検してシベリアにあるいろいろな高地の構造について新しい理解の糸口をえたし、中国の国境に横たわる重要な火山地帯をも発見した。そして最後に、あくる年ヤクーツク州の（ヴィチーム川とオロークマ川沿岸の）いくつかの金鉱とザ・バイカーリア州の間の直接の交通路を発見するために長途の旅行に出発したのであった」。三カ月の間、ほとんどまったく人影のない山中の荒蕪地《こうぶち》と湿気の多い高原をさまよい続けて、ついに交通路を発見した、という。

＊

次がクロポトキンがシベリア駐在から学んだことと解してよいだろう。

「農奴所有者の家庭に育った私は、同時代のすべての青年たちと同じように、指揮したり、命令したり、叱責《しっせき》したり、処罰したりすることの必要をおおいに確信して世のなかに出た。ところが、まだ若いうちから重要な仕事をうけもたされたり、多くの人々を扱ったりしたので、またひとつひとつの誤りがただちに重大な結果をきたすことを経験したので、命令と規律の原則にもとづいて行動する場合と、共通の理解を原則として行動する場合との違いが私にはわかり始めたのであった。前者は軍隊の閲兵式のときはじつによくその効率を発揮するが、実生活のなかではなんの役にもたたず、集中したたくさんの意志のきびしい努力にまたなければ、その目的は達せられない。そのころ私はまだこのような考えを政党による闘争のなかで用いられているような用語で公式化したことはなかったが、しかし私はそれまでつちかってきた国家的な規律に対するいっさいの信念をシベリアでなくしてしまったといっていいいであろう。つまり、アナーキストになる下地ができつつあったのである。

十九歳から二十五歳まで、私は重要な改革案をいくつかつくりあげ、アムール川流域の何百人という人々と折衝をもち、こっけいなほど僅《わず》かな資材で危険な探険の準備をし、これを敢行してきた。もし、これらの私の仕事がいくらかでも成功したとすれば、それはもっぱら私が重大な仕事をやるには命令と規律の原則はほとんどなんの役にもたたないということをまもなく悟ったからだと思っている。もちろん、どんな場合にも音頭をとる人間は必要である。しかし、ひとたび仕事のきっかけがあたえられたならば、とくにロシアでは、軍隊式にではなく、共通の理解にもとづく一種の共同体的な方法でその仕事をおしすすめなければならない。私は、国家的規律のいろいろな計画を立案する人は誰でもその国家的ユートピアをつくり始めるまえに現実生活という学校を通ってきてほしいと思う。そうすれば、私たちも今日ほどつぎつぎと社会の軍隊的・ピラミッド組織の計画案を聞かされることはなくなるであろう」。
こうしてクロポトキンはシベリアからひきあげることとなる。

P・クロポトキン自伝について（その二）

ピョートル・クロポトキン著、高杉一郎訳『ある革命家の思い出』の下巻に入る。第四部「サンクト・ペテルブルグ」の冒頭で著者はこう書いている。

「一八六七年の秋の初め、兄とその家族と私とはサンクト・ペテルブルグにおちついた。私は大学にはいり、若い人たち――私よりずっと若くてほとんど少年といったほうがいい人たち――と席を並べることになった。五年まえに、あんなにもあこがれていた望みがかなって、勉強することができるようになったのである。そして私は、これからのあらゆる仕事や思想にとって確実な基礎となるものは数学を徹底的に勉強すること以外にはないという考えから、物理・数学部の数学科にはいった。兄は法学を勉強するために陸軍大学にはいったが、私はすっかり軍務を捨ててしまったのである。背広など見るもいやだという父は、そのことをひどく怒った。それで私たちは二人とも、なにからなにまで自分で生活していかなければならなくなったのである」。

農奴解放後とはいえ、解放前千二百人の農奴をもち、五十人の召使をモスクワに、田舎に二十五人の召使などをもっていた家庭に育ち、農奴解放後も依然として富裕であった貴族の家を離れて自活の道を選ぶことは誰にもできることではない。いつも安易に生活することを選んできた私には、クロポトキンの決断は驚異である。

「それ以後の五年間、私はすべての時間を大学での勉強と科学的な研究とにささげた。もちろん数学部の学生にはやることがたくさんあったけれども、私はまえに高等数学を勉強していたので、時間の一部を地理学の研究に割《さ》くことができた。それに私はシベリアでも勤勉な習慣を失っていなかったのである」とクロポトキンはつけ加えている。

クロポトキンの最初の業績は地理学にあったようである。彼は「私の最後の探検の報告が印刷されたが、その間に私のまえには非常に大きな問題が立ちはだかってきた。私はシベリアでいくつかの旅行をやった経験から、当時北部アジアの地図の上に描かれている山々はたいていは空想的なものであって、シベリア地方の構造についてどんな概念もあたえるものではないことを確信していた」と書き、彼が採用した方法を説明している。

「私はいちばん始めからやりなおして、純粋に帰納的な方法でこれまでの旅行者たちの気圧上の観測の結果をすべて収集し、そこから標高を何百となく算出した。私は縮尺の大きな地図の上にいろいろな旅行者が行なった地理学的・物理学的観察のすべて――仮説ではなく事実――を書きこんで、どのような構造線がこれらの観察された事実にもっともよく照応するか発見しようと努力した。この準備作業をするのに二年余りかかった。そのあと、このとほうにくれるように混沌《こんとん》としたばらばらな観察の寄せ集めがいったいどういう意味をもっているだろうと数ヵ月にわたって沈思黙考した。ところがある日とつぜん、まるで閃光《せんこう》に照らしだされたようにすべてのことがはっきりと理解できたのであった。アジアの主要な構造線は北と南、または西と東ではなくて、ちょうどロッキイ山脈やアメリカの高原における構造線が西北から東南に走っているように、西南から東北に走っているのであり、ただいくつかの付随的な山脈が西北にとびだしているだけなのである。おまけにアジアの諸山脈は、アルプスのように独立した尾根の寄せ集りではなく、かつてはベーリング海峡に向かっていた古代の大陸の跡であるものすごく広大な高原に従属しているのである。この古代の大陸の周辺に沿って高い山脈がそびえ立ち、年の経過とともにその後の沈澱《ちんでん》物によって形づくられた台地が海中から盛り上がって来て、一定の幅をもったアジアの古代からの背骨の両がわにくっついたわけである」。

この理論についてクロポトキンは、かなり誇らしげに次のように書いている。

「さきに述べた研究は、科学に対する私の主要な寄与だと私は思っている。最初の計画では、私は浩瀚《こうかん》な書物を出版して、そのなかで北部アジアの山脈や高原に対する私の新しい考えを裏づけるために、それぞれの異なった地域の詳細な検討を行なうつもりであった。ところが一八七三年に私はまもなく逮捕されるということがわかったので、私はただ自分の考えを具体的に表わした地図をつくり、それを説明する論文を書いただけであった。地図も論文も、私がペトロ・パウロ要塞《ようさい》監獄に捕われてから、兄の監修のもとに地理学協会から出版された。当時アジアの地図を作製中であったペーテルマンは私の準備的な研究を知って、その案を彼の地図のなかに採用した。それ以来、ほとんどすべての地図作製家が私の案をうけいれている。現在行なわれているアジアの地図は、この大陸のおもな自然的特徴ばかりでなく、その気候や動物や植物の分布から歴史にいたるまでもよく説明してくれると思う。それからまた、私は最近のアメリカ旅行で知ることができたのだが、この地図は北半球における二つの大陸の構造や地理学的な成長の間の著しい類似をも明らかにしている。いままでは、これらのアジアの地図の上の変化がどうして生まれてきたか知っている地図作製家はほとんどいない。しかし科学の世界では、新しい考えというものは、それを提唱した人間の名まえとは無関係にすすんでいったほうがいいのである。そのほうが、最初に唱えられる理論にはつきものの誤りを修正しやすくなるというものだ」。

クロポトキンは決して夢想家でも空想家でもなかった。きわめて実証的な人物であった。そして実証的事実の混沌たる集積の前で沈思黙考し、突然、閃光のように、それらの事実を説明する理論が頭脳に訪れる、そういう体験をもった人物であった。おそらく偉大な発見、発明はそうしたかたちで生まれるにちがいない。そして、彼は最後に、理論の発見者の名前は忘れられた方がよい、何となれば理論の誤りを訂正されやすいからだ、という。彼は謙抑であり、かつ科学的であった。

＊

クロポトキンの思想的発展の跡をめぐる前に、彼の父親の死にふれておかねばならない。「ここ数年来、父のすぐれなかった健康はますます悪くなっていった。一八七一年の春に、兄のアレクサンドルと私が見舞いにいったときには秋の初霜のころ父の命はあぶないだろうと医者たちからいわれた。父はスターラヤ・カニューシェンナヤ街で昔どおりの生活をしていたが、しかしこの貴族の町で父の周囲のものはすべてが変わってしまっていた。かつてはこの町でおおいに幅をきかしていた裕福な農奴所有者たちはどこかへ姿を消してしまっていた。農奴解放のときに手にいれた代償金をでたらめにつかい果たし、そのにっちもさっちもいかない状態に目をつけた新しい土地銀行に同じ領地を二度も抵当にいれたあとは、ついに田舎《いなか》や地方都市へひっこんで、やがて忘れられてしまったのである。彼らの住んでいた家は、裕福な商人、鉄道屋などという「侵入者」によって占領されていた」。「父の心をわずらわしていることが一つあった。父は私たちが後悔した息子として、父の援助を乞《こ》いに頭を下げてくるものだとばかり考えていたのである。ところが、父がいよいよその問題のほうへ話をもっていこうとすると、私たちはまるで陽気な調子で、「そんな心配はしないでください。僕たちはとてもりっぱにやっているんですから」と父の話をおしとどめてしまうので、それがますます父を面くらわすのである。父は昔よくあったような場面——息子がゆるしと金とを乞う——を待ち望んでいたので、一時はそういう場面がおこらないのを残念がりさえしたらしい。しかしそれからは、父は私たちを前よりもずっと尊敬のこもった目で眺めるようになった。いよいよ別れるときがきて、私たちは三人ともひどく感情をたかぶらした。父はそれを維持するために自分の一生をすごしてきた一つの制度が難破してしまったあとの暗い孤独のなかへふたたびもどっていくのをおそれているように見えた。しかしアレクサンドルは勤務にもどらなければならなかったし、私もまたフィンランドへ出発しなければならなかった。

私はフィンランドからふたたび家に呼びもどされてモスクワに駆けつけたが、そのとき父の葬式は始まったばかりのところだった」。

形式だけでも「ゆるしと金とを乞う」ことさえすれば父親の心は安らいだにちがいないのに、形式だけでもそうすることを拒んだクロポトキン兄弟は立派だが、拒みとおした彼らを尊敬した父親も賢い人物だったにちがいない。だからこそ、富裕な貴族としてその屋敷街に住み続けて、死を迎えることができたのであろう。

＊

「あくる年の早春に私は西ヨーロッパへの最初の旅にのぼった」という。

「プーシキンはその有名な詩のなかで、「十六の乙女に似つかわしくない帽子があろうか？」とうたっている。チューリッヒで学んでいるロシアの女子学生たちは胸をそらせて、ツウィングリを生んだこの古い都会の市民たちにつぎのような質問を投げかけているように思われた。「どんな質素な服装でも、若くて、知的で、はちきれそうな精力の娘に似つかわないということがありましょうか？」

そんな生活をしながらも、このロシア人学生の活動的な小集団は、この世に大学というものができて以来、いまだかつてどの学生もやったことのないような激しい勉強をしたので、チューリッヒの教授たちは大学の女子学生たちのすぐれた成績を、男子学生への模範としてくり返しくり返しほめたたえたほどであった」。

クロポトキンは「ながい年月の間」、国際労働者協会（第一インターナショナル）のことをくわしく知りたいと思っていた、という。彼がスイスで学んだことは次のことであった。

「パリ・コミューンは、理想をまだ十分に明らかにしないうちに勃発《ぼっぱつ》してしまった恐ろしい例である。一八七一年三月、労働者たちがこの大都市の主人公になったとき、彼らはブルジョワ階級に帰属する所有権を攻撃しなかった。反対に、これらの権利を彼らの保護のもとにおいたのである。コミューンの指導者たちは身をもって国民銀行を守り、危機が産業を麻痺《まひ》させた結果労働者大衆に稼《かせ》ぎがなかったにもかかわらず、彼らはパリの工場や商業施設や邸宅などの所有者たちの権利を保護した。ところが、この運動がおしつぶされたとき、ブルジョワ階級は反乱者たちのコミューン的な要求がきわめてひかえめであったことなどすこしも考慮にいれなかった。二カ月の間、労働者たちが自分たちの所有権に攻撃を加えてくるのではないかと戦々兢々《きょうきょう》として暮らしていたフランスの金持ちたちは、まるで労働者がじっさいに攻撃を加えてきたかのように、手ひどい復讐《ふくしゅう》をしたのであった。周知のように、およそ三万名の労働者が、市街戦のときにではなく、彼らが敗北したあとで虐殺された。かりに労働者たちが所有の社会化に向かって一歩踏みだしていたにしても、復讐がこれよりも恐ろしいものとはなりえなかったであろう。

そこで――私のいきついた結論はこうだった――もし人類の発展に争闘が避けがたい時期があって、特定の個人の意志とはまったく無関係に内乱が勃発するものだとするならば、すくなくともこれらの争闘が漠然《ばくぜん》とした熱望などではなく、明確な論拠にもとづいて行なわれるようにすべきであり、第二義的な争点をめぐってではなく――その争点がどんなにつまらないものだからといって、争闘の激しさは減るわけではない――人々に壮大な展望をもたらすひろびろとした思想にもとづいて行なわれるようにすべきである。このあとの場合には、争闘の成否を決する鍵《かぎ》は火器や鉄砲の効力であるよりは、むしろ社会改造の事業に参加する創造的天才の力であろう。とりわけその鍵は、争闘の行なわれている間は自由に活動できる「社会」の建設的な力にあるのであり、変革に反対な階級の人たちの間からさえも共感をかちとることのできるような高い道義の力にあるのである。こうして、より大きな争点をめぐって行なわれる争闘は、社会の空気そのものを清めてくれるだろうし、両陣営の犠牲者の数も、争闘が二次的な問題をめぐって行なわれた場合よりも——その場合は人間の低劣な本能がまるだしになりやすい——はるかに少なくなるであろう。

このような思想をもって、私はロシアに帰ったのであった」。

クロポトキンが抱いた思想とは、「人々に壮大な展望をもたらすひろびろとした思想」「変革に反対な階級の人たちの間からさえも共感をかちとることのできるような高い道義の力」なくして社会変革はできない、ということであったと思われる。彼はすぐれて倫理的な人物であった。

*

この後、折込みが禁止されている社会主義関係の書物等をユダヤ人の密輸業者を介してロシアに持込んだこと、「その後たくさんの革命家や亡命家たちがロシアに出入国するために国境を越えたときにも、これらの密輸業者たちが裏ぎったり、足もとを見て法外な手数料をとったというようなケースはただの一つもなかった」と記し、石川啄木がその全文を筆写した第四部第12章に入る。

「教育をうけたロシアの青年たちの間では、強力な運動が発展しつつあった。たしかに農奴制は廃止された。しかし農奴制がつづいた二百五十年の間に、家庭的奴隷制、人間の個性の完全な無視、家父長の専制、妻・息子・娘の偽善的な服従などの風俗や習慣が網の目のように張りめぐらされていた。十九世紀の初めまでは、ヨーロッパのどこへいってもたいへんな家庭的専制が行なわれていた――サッカレイやディケンズの作品のなかには、その裏がきがいくらでもある。ところがその専制がロシアのようにとんでもなく大きくふくれあがったところは、ほかにはどこにもない。あらゆるロシアの生活は、家庭においても、上役と下僚、上官と兵士、雇主と使用人の関係においてもことごとくこの刻印がおされている。習慣となった紋切り型の思想の世界、偏見と道徳的怯懦《きようだ》の世界、怠惰な生活に養われた風習の世界が、こうして生まれてきた。これらの農奴制時代の産物に対しては、その時代のもっともすぐれた人々でさえも多くの賛辞を惜しまなかった」。

「『奴隷によってつくられたパンはにがい』とロシアの詩人ニェクラーソフは書いた。若い世代はこのパンを食べることをじっさいに拒み、奴隷労働――それが農奴であろうと現在の産業制度の奴隷であろうと――によって父たちの家庭に蓄積された富を享受することをじっさいに拒んだのであった。

かなりな財産の所有者であるカラコーゾフとその仲間の者たちが一つの部屋に三、四人いっしょに住んで、すべての生活費が一人一ヵ月十ルーブルをけっしてこえないようにくふうしながら、彼らの財産を消費組合や彼ら自身も働いていた協同工場などの準備金に寄付していたことを法廷の起訴状で知った全ロシアの人々はびっくりしてしまった。それから五年後には、ロシア青年の最良の部分である何千もの青年たちが同じことをやるようになっていた。彼らの合言葉は「ヴ・ナロード!」(人民のなかへ)であった。一八六〇年―六五年の間には、ほとんどすべての富裕な家庭では、古い伝統を維持しようとする父と、自分の理想に従って思うままに生活をする権利を主張しようとする息子や娘の間に激しいたたかいが行なわれていた。青年たちは軍務や勘定台や仕事場を去って、大学町に集まった。きわめて貴族的な家庭に育てられた娘たちが、一文なしでペテルブルグやモスクワやキーエフに走って、家庭の束縛からのがれられるように、そしてまたいつの日にかは夫の束縛からものがれられるように、職業を身につけようと一心になっていた。困難にみちたたたかいの後に、彼らの多くはその個人的な自由をかちとったが、こんどはそれを自分自身の個人的な享楽のためにではなく、彼らを解放してくれたその知識を人民にもたらすために役だてようとしていた。

　ロシアのあらゆる町に、サンクト・ペテルブルグのあらゆる区に、自分を高め教育するための小さなグループがたくさんつくられた。そしてこれらのグループでは、哲学者の書いたもの、経済学者の書いたもの、若いロシアの歴史学派の研究などを熱心に読み、その後で果てしない議論をつづけた。すべてこれらの読書や討論の目的は、彼らの目のまえに立ちはだかっている大問題――どうすれば自分たちは民衆の役にたつことができるだろうか？――を解決することであった。そしてだんだん彼らは、そのための唯一の方法は人民の間に腰をおちつけ人民の生活を生活することだという考えにいきついたのであった。青年たちは、医者、医者の助手、教師、村の書記として、それどころか農業労働者、鍛冶屋《かじ》、樵夫《きこり》にまでなって村々にはいっていき、農民たちと密接にふれあいながら生活しようとした。娘たちは教師の試験をうけたり、助産婦の仕事や看護法を学んで何百人となく村にいき、いちばん貧乏な村人たちのために献身的に働いた。

　こういう人たちが農村にいったのは、胸のなかに社会改造の理想をもっていたとか革命の思想をいだいていたからではなかった。彼らはただ多くの農民たちに読むことを教え、そのほかのさまざまなことを教え、医薬を与え、彼らがその暗黒と貧窮のなかから浮かび上がろうとしているのをなんとかして手伝ってやり、同時に彼らのほうでも、人民がよりよい社会生活の理想としてどんなことを頭に描いているかを学んでこようとしただけであった。

私がスイスから帰ってきたとき、このような運動は最高潮に達していた」。

右の訳語で「その後で果てしない議論をつづけた」という表現が気になったので、石川啄木が筆写した英文を読むと「the reading was followed by endless discussions」であることを知った。この訳書の訳者高杉一郎が啄木の詩「はてしなき議論の後」を知っていたかどうか確かではない。ただ、endless discussionsの訳語として「はてしなき議論」がじつに適切であることは間違いないから、啄木は「はてしなき議論の後」を書いたさい、この英語から示唆された可能性があるのではないか。

また、このクロポトキンの叙述によると、何千もの青年たちは、社会改革の理想や革命を抱いて農村に入っていたわけではなかった。民衆の役に立ちたいという目的で民衆のなかへ入っていったのであった。啄木の詩「はてしなき議論の後」は明らかに社会改革を目的として人民の中へ入っていこうとする者がないことを嘆いている。ナロードニキの運動には貴族や富裕な階級の人々と農奴以来の農民たちとの間に非常な格差があった。ナロードニキはそういう格差社会における富裕層の青年子女による運動であった。そういう意味で啄木は、日本とロシアの社会的状況を、意識的にか無意識にか、無視して、

されど、唯一人、握りしめたる拳《こぶし》に卓をたたきて
「V NAROD !」と叫び出づる者なし

と嘆いたのであった。

クロポトキンがチューリッヒを訪れたのは一八七二（明治五）年であった。彼は当時このような運動が最高潮に達していたと書いている。私は何となくナロードニキは一過性の運動のように誤解していたが、実際は六十年も続いたという。中央公論社刊『世界の名著』第四十二巻『プルードン・バクーニン・クロポトキン』篇に猪木正道・勝田吉太郎が解説しているところによれば、一八八一（明治十四）年三月のアレクサンドル二世暗殺事件に参加した女性ヴェーラ・フィグネルは豊かな貴族の家に生まれ、スイスの大学で医学を学び、学位を得る寸前に地下運動へ突入したという。彼女は死刑の判決をうけたが助命の嘆願をせず悪名高いシリッセルベルグの要塞監獄で二十年間、五十二歳まで生きぬいて

出獄したそうである。ロシアの専制君主制にもよるのだろうが、弾圧されることによって、かえってこうした運動が継続したのであろう。

＊

ところで、帰国したクロポトキンは「チャイコーフスキイ団」というサークルに誘われて参加した。メンバーはたいてい立憲主義者だったという。このサークルは「この名まえでロシアの社会運動史に重要な役割を果たしたし、またこの名まえで歴史に伝えられていくであろう」とクロポトキンは書いている。

「数名の友人たちは、すべての組織の基礎には道徳的に高い個性がなければならないと考えていた。――あとになってその組織がどんな政治的な性格をとるにしても、また将来いろいろな出来事がおこるにつれてその組織がどんな行動計画をとるようになるにしても、これはまったく正しい意見だと思う。チャイコーフスキイ団がその計画をだんだんひろげていってロシア全土にあんなにもひろがり、あれほど大きな成果を生んだのも、後に政府の凶暴な迫害が革命闘争を挑発したときに、専制政治に抗する恐ろしいたたかいのうちにたおれたすばらしい男女グループをそのなかから生みだしたのも、そのためであった。

しかし当時は――というのは一八七二年には――このサークルにはすこしも革命的な傾向はなかった。もしそれがいつまでも自分を高めるためのサークルにとどまっていたならば、やがてそれは修道院のように化石してしまったことであろう。ところがそのメンバーたちは良書の普及を始めたのである。彼らはラッサール、ベルヴィ（『ロシアにおける労働階級の状態について』）、マルクスなどの著作や、ロシアの歴史書などをそっくり買って、これを地方の大学生たちに配布した。二、三年のうちに、公用文書の表現でいえば「ロシア帝国三十八州」中の重要な町で、うえに述べたような文献の配布をやっているチャイコーフスキイ団のグループが存在しないところはないまでになった。その後しだいに、時代の一般的な趨勢《すうせい》につれ、労働運動の急速な成長を伝える西ヨーロッパからのニュースに刺激されて、このサークルはますます教育のある青年層への社会主義的宣伝の中心となり、地方サークルのメンバー相互間の自然な媒介者となった。そのようにして、ある日、学生と労働者の間をへだてていた氷はとけ、サンクト・ペテルブルグといくつかの地方の働く人々の間をむすぶ直接的な関係が確立された。一八七二年の春、私がこのサークルに参加したのは、ちょうどそのような境目においてであった」。

クロポトキンは、宮廷の高官の中で現状に愛想をつかしている人たちをたくさん知っているので、そういう人たちを組織し、これらの勢力がアレクサンドル二世に迫ってロシアに憲法を布かせるように仕向ける、といった提案をしたという。この時点で明らかにクロポトキンは立憲主義者であった。

「私がチャイコーフスキイ団といっしょに仕事をしてついに逮捕されるまでの二年間は、その後の私の生活と思想のうえにふかい印象を残した。この二年間は高度に緊張した生活――内的な自我を形づくっているあらゆる組織がどの瞬間にも大きく動悸《どうき》をうっているように感じられ、人生がほんとうに生きがいがあるように感じられるときのあの横溢《おういつ》した生活――であった」。

「私は科学者としての経歴をまったく捨ててしまうまえに、フィンランド旅行の報告と、そのほか私が手がけていた仕事を地理学協会のために完成しておく義務があると考えた。私の新しい友だちも真っ先に私のこの決意を認めてくれ、それをしないのは正しくないことだといってくれた。そして私は、自分の地理学と地質学に関する本の仕上げに全力をそそいだ。

団の会合はひんぱんに行なわれたが、私は一度もそれに欠席したことはなかった。そのころ私たちはいつもサンクト・ペテルブルグの郊外にある小さな家に集まることにしていた。その家は、ソフィア・ペローフスカヤがある職人の妻の偽名と偽造した旅券とで借りうけていたものだった。ソフィア・ペローフスカヤはきわめて貴族的な家庭に生まれ、彼女の父は一度サンクト・ペテルブルグの軍事総督だったことがある。しかし、彼女を熱愛している母の賛成をえて、彼女は家を離れて高等学校にはいり、裕福な工場主コルニーロフ家の三姉妹といっしょに、後にチャイコーフスキイ団にまで発展した小さな自己教育のサークルをつくったのであった。いま、職人の妻という名義で、もめんのドレスに男ものの長靴《ながぐつ》をはき、もめんのプラトークを頭に、ネヴァ川から二つの水桶《みずおけ》を肩にして運んでくる彼女を見ても、それが数年まえまで首都のもっとも豪華な客間で光り輝いていた娘であると見分ける人は誰ひとりいないであろう。彼女は誰からも愛された。仲間の者は誰でもその家にはいると、とくべつに親しげな微笑を彼女におくるのだった」。

「ペローフスカヤは心の底からの「人民主義者」であり、同時に革命家で、ほんとうの鋼鉄でできている闘士でもあった」。

「ロシアの厳重な検閲制度——ほんのちょっと社会主義をほのめかしただけでも禁止された——のもとで発行できる文献では不十分だということがまもなくわかったので、私たちは国外に自分たちの印刷所をつくった。労働者や農民に読ませるパンフレットを書かなければならなくなり、私も委員の一人となった「文献委員会」は両手にいっぱい仕事をかかえていた。(中略) 国外で印刷された本やパンフレットは何千となくロシアに密輸入され、特定の場所にたくわえられ、そこから地方のサークルに発送された」。

「私たちの集会はいつでも和気あいあいとしていた。議長とかそのほかあらゆる種類の形式主義は、そのような傾向をまるでもたないロシア人からはひどくきらわれていた。ときどき私たちの議論も、「綱領問題」を討議するときなどとくに白熱化することがあったが、それでも私たちは西欧的な形式にたよらずに、ちゃんと解決することができた。(中略) 私たちはよくこういう会合の間に食事をとることがあったが、それはきまってキュウリとチーズをちょっぴりのせたライムギのパンと、喉《のど》の渇きをいやすためのたくさんの薄いお茶とであった。金がないからではなかった。金はいつでも十分にあったが、印刷や、本の輸送や、警察に追われている友人をかくまうためや、新しい仕事を始めたりするために、金はいくらあっても多すぎることがなかったからである」。

クロポトキンはやがて労働者、農民の間に多くの友人をもつようになり、彼らに外国の労働運動の話、その闘争、困難、希望などを話し、ロシアでは何をやったらいいか、宣伝活動の見通しについて質問された。

「私は運動に伴う危険をすこしも過小評価しないで、思ったとおりのことを率直にいった。「いずれは近いうちに、私たちはおそらくシベリアに送られるでしょう。それからあなたがただって――みんなとはいわないが――私たちの話を聞いたというただそれだけの理由で、何カ月も監獄にぶちこまれるでしょう。」この暗い見とおしにも、彼らはおじけづかなかった。「どっちみち、シベリアにだって人間はいるんだ――クマばかりじゃない。」「人間が住んでいるからには、ほかの人間だって住めるさ。」「悪魔は絵にかいてあるほど恐ろしくはないよ。」「オオカミがこわいくらいなら、森のなかへははいれない。」――私たちが帰ろうとすると、みんなはそういった。後に、彼らのうちの数名が逮捕されたときにも、みんなはまずまずりっぱにふるまって私たちをかばい、誰をも裏ぎったりはしなかった」。

＊

クロポトキンが逮捕された経緯は省略する。彼は一八七四（明治七）年春、逮捕され、ペトロ・パウロ要塞監獄に収容された。

「この要塞監獄でピョートル一世はその息子アレクセイを拷問にかけたあげく、おのれの手で殺した。（中略）ここで、エカチェリーナ二世は彼女が夫を殺したことに反対した者たちを生き埋めにした。冬宮のまえのネヴァ川からそびえ立っている石の大きな塊《かたま》りのようなこの建物の歴史は、ピョートル一世の時代以来百七十年にわたって、虐殺と拷問の歴史であり、生き埋めにされた人々、徐々に死に追いやられた人々、あるいはうす暗くてしめっぽい地下牢《ちかろう》の孤独のなかで発狂させられた人々の歴史である」。

「ここには、ルイレーエフ、シェフチェンコ、ドストエーフスキイ、バクーニン、チェルヌイシェーフスキイ、ピーサレフをはじめ、そのほか最高の現代作家たちが数多く閉じこめられた。ここでカラコーゾフは拷問をうけ、絞首刑にされた」。

クロポトキンが幽閉された独房には太陽の光線は差しこんでこなかった。「部屋には鉄製の寝台とカシでできた小さな机と丸椅子《いす》とがあった」。「部屋の内がわには洗面台と厚いカシの扉があって、扉には食物を入れるためのいつもは錠をおろしてある小窓と、外がわに鎧戸《よろいど》のついたガラス張りの小さな穴とがあった。この穴はいわゆる「覗き穴《ユダ》」であって、囚人はいつでもここからこっそりと監視されているのである」。

「私は自分自身にいってきかせた。「たいせつなことは、体力を保つことだ。けっして病気にはなるまい。北極探検にいって極北の小屋に二、三年閉じこめられたと思うんだ。十分に運動や体操をやって、環境に負けないようにしよう。部屋の隅から隅まで十歩あるくことだって、いくらかの運動になるが、それを百五十回くり返せば、一露里《ウエルスト》（三分の二マイル）歩いたことになる。」そういうわけで、私は毎日七ウェルスト――つまり、およそ五マイル――を歩くことにした。「朝二ウェルスト、夕食まえ二ウェルスト、夕食後二ウェルスト、寝るまえに二ウェルストである（これだと八ウェルストになるが、原文のまま引用する――筆者注）。机の上に十本のシガレットをおき、机のそばを通るたびに一本ずつ動かせば、往復の三百回は簡単に数えられるだろう。速く歩いて、隅のところは目まいがしないようにゆっくりとまわり、一回ごとに違うほうからまわらなければいけない。それから一日に二回は重い丸椅子を持って体操をやろう。」私は丸椅子の片脚をもって腕を伸ばしたまま持ち上げ、車輪のようにまわしてみたが、まもなくそれを頭の上をさしたり、背なかをまわしたり、両脚《りようあし》の間を通したりして、片方の手からもう一方の手へ渡すことを覚えた。

投獄されてから二、三時間後に、典獄が数冊の本を持ってきてくれたが、そのなかには私の昔からなじみの愛読書であるジョージ・ルーイスの『生理学』第一巻のロシア語訳があった。しかし、私がとくにもう一度読みなおしたいと思っている第二巻はなかった。私が紙とペンとインクを要求したのはもちろんのことである。しかしこれは頭からはねつけられた。ペンとインクは、皇帝自身の特別の許可がなければ、要塞のなかでは絶対にゆるされなかったのである」。

体を鍛えるために狭い独房の中を百五十回毎日くりかえし歩くこととしたのはいかにも革命家らしいが、『生理学』の本を読みたいと思ったのは彼が本来学究であったことを示しているだろうし、ペンとインクを要求したのは彼が行動派であるよりは思索家・著述家であったことを示しているだろう。ペンとインクは兄アレクサンドルの尽力で手に入れることができることとなったというが、アレクサンドルの運命について、クロポトキンが書いていることを抜粋しておきたい。

*

「アレクサンドルは私が逮捕されたときにはチューリッヒにいた。兄はごく若いころから、人間が自由に考えたり読んだりすることができ、自分の考えを公然と発表することのできる外国へいきたがっていた。ロシアの生活は兄にとってはうとましいものだった」。

「兄は私たちの運動には参加しなかった。彼は民衆蜂起《ほうき》の可能性を信じなかったから（中略）公開の集会や公開の演説による運動だけを考えていた」。

「スイスではチューリッヒにおちついたが、（中略）思想的には社会主義者であった兄は、きわめて質素で勤勉な生活様式のうちに熱情をこめて彼の生涯の主目的である偉大な科学的な仕事に励むことで、その思想を実践していた」。

「ところが兄は私の逮捕を知るとすぐに（中略）ただ獄中の私を援助するためだけに、彼の大きらいなサンクト・ペテルブルグに帰ってきたのであった。

面会のときには、私たちは二人ともひどく感動した。兄は極度に興奮していた。（中略）それにもかかわらず私は兄に現在の位置から何百マイルも遠く離れたところにいてほしいと思った。きょうは兄は自由な人間としてここにきているが、いつの夜にかかならず憲兵に護送されてここにくるにちがいないのである」。

「兄は私が無為な生活に悩まされているということをほかの誰よりもよく理解してくれ、はやくも仕事を始める許可をえるための申請書を出してくれてあった。地理学協会が私に氷河期に関する本を完成させたがっていたので、兄はサンクト・ペテルブルグの全学界を動かして、彼の申請書を支持させようとした。科学学士院がこの問題に関心を示してくれた結果、ついに私が入獄してから二、三カ月めに典獄が私の独房にやってきて、皇帝から地理学協会への報告書を完成する許可が出たので、その目的のためにペンとインクの使用をゆるすと告げた」。

この結果、クロポトキンは報告書を書きあげ、第一巻は「地理学協会紀要」に印刷され、第二巻は彼が脱走したときに第三課に押収され、一八九五（明治二十八）年にロシア地理学協会に渡されたという。一八七四年十二月の末、クロポトキンは兄と姉との面会を許された。その後、クロポトキンはアレクサンドルがペ・エル・ラウローフに宛てた手紙のために逮捕されたことを知る。

「兄は私との最後の面会のあとで、当時ロンドンで『前進』というロシア語の社会主義雑誌を編集していたこの旧友にあてて手紙を書き、そのなかに私の健康についての心配や、そのころロシアで行なわれていた多くの逮捕のことを述べ、専制政治に対する憎悪《ぞうお》をあからさまに書いたのであった。この手紙が第三課によって郵便局でおさえられ、彼らはクリスマス・イーヴに兄のアパートを家宅捜索にきたのだが、このときの捜索はいつもよりずっと乱暴なものであった。真夜中すぎに五、六名が兄のアパートにおし入り、なにもかもひっくり返したあげく、壁のなかまでも調べ、寝具や蒲団《ふとん》も調べるといって病気の子どもを寝床からひきずりだしたりした。しかし、なにひとつ見つけることはできなかった

——いや、見つけられるようなものがなにもなかったのである」。

アレクサンドルは家宅捜索に非常に憤慨し、憲兵将校や検事を罵り、恨みを買った。彼らはアレクサンドルに復讐することを誓い、第三課に五月まで拘留し、子の死に目に会うことも許さなかった。

「僕がどんな罪を犯したか、せめてそれだけ教えてくれ」と兄は要求した。しかし、例の手紙のほかにはどんな告発の理由もないのである。この追放はあまりにも気まぐれで、第三課のたんなる復讐行為とよりほかには考えられなかったので、肉親の者たちもこの追放が二、三カ月以上もつづくだろうとは誰ひとり思わなかった。兄は内務大臣に抗議を申し入れたが、内務大臣は憲兵司令官の意志に干渉することはできないというのがその返事であった。元老院にも抗議を申し入れたが、なんの甲斐《かい》もなかった」。

最後の挿話が帝政ロシアの専制政治の恐ろしさを知らせ、私たちを慄然とさせる。

「二、三年たってから、姉のエレーナは自分ひとりの思いつきで皇帝に請願書を出した。ハリコフの総督で、皇帝の侍従武官であり、宮廷の寵臣《ちようしん》でもあった従兄のドミートリイもこの第三課の仕打ちをひどく怒って、皇帝に直接請願書を手渡し、同時にそれを横から助けるような二、三の言葉もいいそえた。しかし、ロマーノフ朝の家系的な特徴である復讐心はアレクサンドル二世のなかでとくに発達していたので、皇帝はその請願書の上に「もうすこしほっておけ《プースチ・パシジット》」と書いたのだった。こうして兄はシベリアに十二年間とめおかれ、ついにロシアには帰ることができなかったのである」。

＊

やがてクロポトキンは裁判所の未決監に移され、健康を害し、姉エレーナの尽力で陸軍病院長の診察をうけ、陸軍病院に移される。

一八七六（明治九）年、クロポトキンは近親の婦人の訪問をうけ、時計を渡される。時計の中に脱走計画を伝える暗号の手紙が入っていた。「四時になると、私はいつものようにそとに連れだされ、合図を送った。馬車の近づく音が聞こえ、二、三分すると灰いろの家からヴァイオリンの音が庭に響いてきた」。一旦、中止になったが、またヴァイオリンが「人をうきうきとさせるようなコンツキイのマズルカをひき始めた。まるで「いまとびだせ――このときだぞ！」といっているみたいだった。私は門に近いほうの小径の端までゆっくりと歩いていった。そこへいきつくまでにマズルカが終わりはしないかという心配でからだをふるわせながら」。

クロポトキンは緑いろのフランネルの寛衣をいきなり脱ぎすて、駆けだした。「私は自分の体力に自信がなかったので、力を節約するためにむしろゆっくりと走り始めた。しかし二、三歩走りだすと、庭の反対がわの隅で薪を積んでいた農民たちが「逃げたぞ！　とめろ！　つかまえろ！」と叫びながら、私を門のところでさえぎろうとして駆けだしたので、私も命がけで走った」。

「歩哨は私を追いかけ、玄関口の階段のところに腰かけていた三人の兵士たちもそのあとにつづいた。歩哨は、若い敏捷《びんしょう》な兵士だったが、はじめ私が走り始めたときかならずつかまえられると思ったほど、近くにいた。彼は私の背なかを銃剣で突きさそうとして数回その小銃をつきだした。（中略）彼はこういう方法で私をつかまえられると信じきっていたので、ついに発砲しなかった。ところが私が逃げおおせたので、彼はついに門のところであきらめなければならなかった。

無事に門の外へ出た私は、馬車の上に軍帽をかぶった市民が乗っているのを見て、どきっとした。その男は私のほうに顔を向けないですわっていた。はじめ、私は「売られた！」と思った（中略）ところが、さらに馬車に近づいてみると、その男の砂いろをしたほおひげはどうも私の親友のほおひげらしいことに気がついた。（中略）

「とびこめ、はやく、はやく！」彼はいつでも射撃できるように手にピストルをかまえながら、恐ろしい声で叫んだ。それから馭者《ぎよしや》に向かって「とばせ！　とばせ！　うち殺すぞ！」とどなった」。

彼らはあてもなく馬車で島から島へ行ったり来たりしていたが、結局、サンクト・ペテルブルグでも一流のレストランであるドノンへ行くことにする。まさか一流レストランにいるとは誰も思わないだろう、と裏をかいたわけである。夕食どきで客があふれている煌々《こうこう》と明るい広間をいくつか通って、別室をとり、予定の時間までをそこで過したという。

クロポトキンは二、三日後にフィンランドを経て、スウェーデンに渡り、スウェーデンからスコットランドのエジンバラに落着いた。船中、乗りあわせたノルウェイの教授がくれたクリスチャニア発行の新聞に、帰国したばかりのノルウェイ北大西洋深海探検隊の報告がのっていたと記している。

「私はエジンバラに着くとすぐに英語でこの探検に関する文章を書いて、それを兄と私がサンクト・ペテルブルグで創刊号以来とり寄せていた雑誌の『自然《ネーチュア》』に送ってやった。するとそこの編集次長は私の文章に対する礼状をよこして、それ以来イギリスではよく経験した非常な寛大さをもって、私の英文は「申し分なく」、「もうすこし慣用語法を」とりいれさえすればいいと書いてきた」。

クロポトキンは定期的な仕事を見つけたいと思って、『自然』誌に出かけると、編集長は「短信」欄をもっと増やそうとしていて、彼の書いたものがその計画どおりのものだといわれ、机が一つ与えられ、毎月曜に来て、あらゆる国語で書かれた科学雑誌に目を通して、注意に値すると思われる論文があったら紹介してほしいと依頼される。こうして、彼は『自然』に短信を書いたり、「タイムズ」の雑報を書いたりして、けっこう暮らせるようになった。

あるとき、『自然』の編集次長から書評を依頼された本を見ると、クロポトキン自身の著書であった。編集次長はクロポトキンの「脱走を新聞で知っていたので、この亡命者が無事にイギリスにいることがわかって、とても喜んでくれた。そして私のためらいについては、著者を叱《しか》ったりほめたりする必要はすこしもなく、ただこれらの本の内容を読者に紹介してくれさえすればいいと、賢明な忠告をしてくれた」という。

*

一八七八（明治十一）年にクロポトキンはスイスに渡った。国際労働者協会（第一インターナショナル）のジュラ連合に参加したが、国際労働者協会もマルクス主義者とバクーニン主義者とに分裂した。これは個人的な争いではなく、中央集権主義と連合主義、国家の家父長的な支配と自由な自治体《コミューン》、立法による現存の資本主義の改良と民衆の自由行動——要するにドイツ的精神《ガイスト》とラテン的精神《エスプリ》との争いであった、とクロポトキンは言う。

「私たちの主要な努力は、実践的側面と理論的側面からアナーキズムを公式化することに向けられた」とクロポトキンは言い、次のとおり説明している。

「私たちは文明諸国民の間に、新しい社会形態が芽ばえ始めていること、それはやがて古い社会形態にとって変わるにちがいないことを見てとっていた。その新しい社会形態を構成しているのは平等な個人であって、その個人はもう自分たちを気まぐれな方法で雇いいれようとしている人間に腕や頭脳を売らなければならないというようなことはなく、新しい社会組織のなかで——すべての人に最大の幸福をもたらそうとするあらゆる努力を結合するように組みたてられ、しかもあらゆる個人がその創意を自由に思うぞんぶん発揮できるような余地が残されている社会組織のなかで——自分の知識や才能を生産に役だてることができるようになる。そしてこの新しい社会は、人間がいろいろな目的のために連合したたくさんの協同団体《アソシエーション》によって構成されることになるだろう。農業の団体、工業の団体、知識人の団体、芸術家の団体などあらゆる種類の生産を目的としてむすびついた職業連合《トレード・フェダレーション》。住宅、ガス、食糧、衛生施設などを提供する消費のための自治体《コミューン》。この自治体相互の連合《フェダレーション》。自治体《コミューン》と職業連合《トレード・フェダレーション》との連合《フェダレーション》。最後には、一定の地域にかぎられることなく、全国的な規模、あるいは数カ国にまたがる規模で、経済的必要や知的必要や芸術的必要や道徳的必要をみたすために協力する人たちの広汎《こうはん》なグループ。これらすべてのグループは、相互の間の自由な協定によって直接にむすびつくことになるだろう。そのいい例は鉄道会社や郵便局で、鉄道会社は利己的な目的で運営され、郵便局は別々の、それもよく敵対していた国々に属しているのに、統一的な鉄道中央管理機関とか郵便中央管理機関などをつくらずに、別々の国々の鉄道会社と郵便局がいまでもりっぱに協力しあっている。また気象学者や、山岳クラブや、大英帝国の救助艇ステーションや、自転車旅行者《サイクリスト》や、教師なども、あらゆる共通の仕事や学問研究や娯楽のために協力しあっている。この新しい社会では、生産や発明や組織の新しい形態が発展しうるようなあらゆる自由が確保され、個人的な創意は激励されるが、反対に劃一化と中央集権化への傾向はおさえられるだろう。しかも、この社会は特定の不変な形態に固定されることなく、たえずその形を修正していくだろう。というのは、それは生きた進化する有機体となるからである。政府の必要はなくなるだろう。というのは、現在の政府が自分たちの仕事だと考えているあらゆる機能は自由な協定や連合がかわってやるようになるだろうし、対立や紛争の数そのものが減るうえに、なおもおこりうる対立や紛争は仲裁にまかせられることになるからである。

私たちは、人間が求めている変化の重要性を過小評価しているわけではなかった。また、産業の発展を確保するためには土地や工場や鉱山や住いなどに対する私有権が必要だというよくある意見、人間を働かせるためには賃金制度が必要だというこれもよくある意見が、社会化された所有と生産というもっと高い思想に簡単に席を譲るものでないこともよく理解していた。私たちはまた私有に関して現在行なわれている考えかたが改められるまでには、あきあきするほど宣伝活動をやり、長期にわたって闘争や現在の支配的な私有財産制度に対する個人的な、また集団的な反逆や、個人の自己犠牲や、部分的な改造や部分的な革命などをくり返し続行しなければならないことも理解していた。また、権力というものは必要だという現在行なわれている思想——私たちはみなその思想のなかで育てられてきた——を、文明化された人類が一気に放棄するなんてことはないだろうし、またできもしないということも私たちはよく理解していた。もともと人間の社会的な感情や社会的慣習から生まれてきたものを、これまで統治者や法律から出ていると考えてきたのはまちがいだったと人々が認めるようになるまでには、多年にわたる宣伝活動や政党活動を通じての権力に対するたえまのない反逆と、いままでの歴史から推論されたあらゆる教義の根本的な修正とが必要であろう。私たちはそれらすべてのことをよく承知していた。しかし同時に私たちはまた、これら二つの点での改革を説きすすめることは、人類進歩の上げ潮に乗って仕事をすることになるだろうということも確信していたのである」。

＊

クロポトキンのアナーキズムが夢想にすぎないことは誰もが直ちに理解するはずである。一方で、彼の夢想は理想主義であり、その理想主義がきわめて高邁な精神に由来することも理解できるはずである。

ふりかえって現代社会をみると、ソ連型社会主義は崩壊し、中国は一党独裁の資本主義国に変質し、資本主義諸国では中間層が没落して経済的格差が増大し、いつ世界的金融恐慌がおこってもふしぎでない状況にあり、しかも民族間紛争、宗教の違いによる憎悪の炎はひろがるばかりである。しかも、誰もが理想社会を思い描くことなどできないし、理想主義は忘れ去られたようにみえる。

それだけに私はピョートル・クロポトキンの『ある革命家の思い出』に、その理想主義に限りない郷愁を感じる。

柿本人麻呂——石見相聞歌

十六、十七歳ころ、新古今集の美学に魅了されていた時期があった。各種の注釈書、解説書などを参照しながら新古今集の世界に耽溺していたのだが、ふと憑き物が落ちるように興味を失った。敗戦は必至と思い、徴兵されて無意味な死を遂げる日も近いにちがいないと覚悟していた当時の私にとって、新古今集の美学は私の生とあまりにかけ離れた幻のようにみえたのであった。戦後、丸谷才一・安東次男・大岡信・竹西寛子ら、畏敬する人々の著述に接し、啓発され、教示をうけることが多かったが、それでも新古今集の歌人たちに対する興趣は戻らなかった。新古今集に興味を失った前後から私は萬葉集を読みはじめていた。そのころから萬葉集を愛するようになって現在に至っている。柿本人麻呂を松尾芭蕉と並ぶ、わが国の詩史上の二巨人と考え、いまだにこうした考えは変らない。

私はさまざまな機会に萬葉集を繙いてきた。とはいえ、注釈書、研究書等を渉猟したわけではないし、きちんと通読したかどうかも覚束ない。だから、私が萬葉集を愛してきたといっても、所詮、私の偏見、独断によるところが多いだろう。ただ、ふとしたときに萬葉集の歌が口をついて出ることが多いのである。それらは人麻呂に限らない。以下、伊藤博『萬葉集釋注一』（集英社文庫）の表記にしたがって、若干をあげれば、次のような歌である。

秋の田の　穂の上《うへ》に霧《き》らふ　朝霞《あさがすみ》　いつへの方《かた》に　我《あ》が恋《こひ》やまむ（巻二・八八）
磐姫皇后《いはのひめのおほきさき》

百伝《ももづた》ふ　磐余《いはれ》の池に　鳴く鴨を　今日《けふ》のみ見てや　雲隠《くもがく》りなむ（巻三・四一六）
大津皇子《おほつのみこ》

石走《いはばし》る　垂水《たるみ》の上《うへ》の　さわらびの　萌《も》え出《い》づる春に　なりにけるかも（巻八・一四一八）
志貴皇子《しきのみこ》

島木赤彦の『太虚集』に、

高槻のこずゑにありて頬白のさへづる春となりにけるかも

という作が収められている。これが右の志貴皇子の作に触発されたことは疑いないが、比較していえば、よほど微視的で声調の大らかさに欠けている。

人麻呂の偉大さを私は疑っていないが、宮廷詩人としての作にはほとんど魅力を感じていない。人麻呂の短歌、長歌を問わず、宮廷詩人として献上披露された作よりも、その他の作を私は愛している。短歌も好きな作が多いが、その若干を例示してみる。

鳴呼見《あみ》の浦に　舟乗《ふなの》りすらむ　をとめらが　玉裳《たまも》の裾《すそ》に　潮《しほ》満つらむか（巻一・四〇）

玉藻《たまも》刈る　敏馬《みぬめ》を過ぎて　夏草の　野島《のしま》の崎に　船近《ふねちか》づきぬ（巻三・二五〇）

天離《あまざか》る　鄙《ひな》の長道《ながち》ゆ　恋《こ》ひ来《く》れば　明石《あかし》の門《と》より　大和島見《やまとしまみ》ゆ（巻三・二五五）

人麻呂歌集中の作から拾えば、

あしひきの　山川《やまがは》の瀬の　鳴るなへに　弓月《ゆつき》が岳《たけ》に　雲立ちわたる（巻七・一〇八八）

巻向《まきむく》の　檜原《ひはら》もいまだ　雲居《くもゐ》ねば　小松が末《うれ》ゆ　沫雪流《あわゆきなが》る（巻十・二三一四）

私は斎藤茂吉が人麻呂の作を評して「重厚で沈痛」「悲劇的」「ディオニゾス的」などといったことには同意できない。右に例示したように、人麻呂作あるいは人麻呂歌集中の作は、印象鮮明、歌格が大きく、調べがのびやかなことによって私を魅惑したのであり、これほどに資質、技量にすぐれた詩人は、芭蕉を別とすれば、他に知らないのである。

しかし、私にとって、より魅力を感じ、かつ、問題を感じているのは長歌であり、第一に石見相聞歌《いわみそうもんか》であり、第二に泣血哀慟歌《きゅうけつあいどうか》である。まず石見相聞歌を引用する。

石見《いはみ》の海　角《つの》の浦みを　浦なしと　人こそ見らめ　潟《かた》なしと　人こそ見らめ　よしゑ
やし　浦はなくとも　よしゑやし　潟《かた》はなくとも　鯨魚取《いさなと》り　海辺《うみへ》を指《さ》して　和田津《にきたづ》
の　荒磯《ありそ》の上《うへ》に　か青《あを》く生《お》ふる　玉藻《たまも》沖つ藻　朝羽振《あさはふ》る　風こそ寄らめ　夕羽振《ゆふは》る
波こそ来寄《きよ》れ　波の共《むた》　か寄りかく寄る　玉藻なす　寄《よ》り寝《ね》し妹《いも》を　露霜《つゆしも》の　置きて
し来《く》れば　この道の　八十隈《やそくま》ごとに　万《よろづ》たび　かへり見すれど　いや遠《とほ》に　里は離《さか》り

ぬ　いや高《たか》に　山も越《こ》え来《き》ぬ　夏草の　思《おも》ひ萎《しな》えて　偲《しの》ふらむ　妹《いも》が門《かど》見む　靡《なび》けこの山（巻二・一三一）

反歌二首
石見《いはみ》のや　高角山《たかつのやま》の　木《こ》の間《ま》より　我《わ》が振る袖《そで》を　妹見《いもみ》つらむか（巻二・一三二）
笹《ささ》の葉は　み山もさやに　さやげども　我《わ》れは妹思《いもおも》ふ　別れ来《き》ぬれば（巻二・一三三）

山本健吉は『柿本人麻呂』において、「挽歌において、悲しみの抒情に到達するのは、長歌においては結句の三句ないし五句であり、さらにそれをいっそう効果的に繰返す形で、反歌が作り出される。そして、長い詩句を積み重ね畳みかけて行くうちに、最後に行き着くところの抒情的主題は、それまでの長い叙述部においては、底に潜んで表に露呈することはない。そしてその前段の叙述部において、修辞的技巧のかぎりをつくすところに、長歌の長歌たる性格があつた」と記している。学殖豊かで、かつ文学的鑑賞眼にすぐれていた山本健吉の説だが、私にはこの記述は理解しにくい。「挽歌において」と山本健吉はことわっているのだが、たぶんこの考え方は長歌一般についての考え方だったのではなかろうか。その上で、「抒情的主題」といい、「叙述部」とは何かが私には明確でない。

おそらく、山本健吉がいう「叙述部」とは抒情詩における導入部、展開部を意味し、「抒情的主題」とは抒情詩の結晶的心情を意味するように思われる。石見相聞歌が高度に修辞的技巧をこらしていることは間違いないのだが、この導入部、展開部は抒情詩の不可欠の一部をなしている、と私は考える。見るべき浦もなく、見るべき潟もない、荒寥たる海辺の風景が呈示され、海辺の藻が朝に夕に、波にそよぎ、風にざわめく情景に焦点がしぼられてゆく。この「玉藻なす　寄り寝し妹」の前までの、山本健吉のいう叙述部、私が導入部、展開部と考える部分こそが、「寄り寝し妹」と作者が生きてきた場を描きだしているのである。こうした場から去っていくことが抒情詩の端緒なのである。石見相聞歌のばあい、枕詞がたんなる伝統的修辞以上の陰影をもって用いられ、対偶法により、読み進むにしたがって、しだいに読者あるいはこの作品に耳を傾ける聴衆は、作者の感情の高まりにひきこまれてゆく。山本健吉のいう叙述部は抒情詩の端緒であるばかりか、その基盤である。抒情詩とは山本のいう抒情の主題を結晶としてとりだすことで成り立つばあいもあり、これが短歌が短歌として存在できる所以だと思われるが、抒情詩がそういう形式によらなければならないとはいえない。石見相聞歌についていえば、展開部をうけて、「八十隈ごとに」妹が里をふりかえる離別の情景に一転し、「妹が門見む　靡けこの山」という痛切な呼びかけに終る。ここには古代人的な呪術的想念が潜んでいるかもしれないが、この長歌はそういう呪術的想念を重視して鑑賞すべきではない、と私は考える。

山本健吉は、長歌の結句を「いつそう効果的に繰返す形で、反歌が作り出される」と記しているが、また、反歌の第二首「笹の葉は」が独立した短歌として秀歌とみられることも私は否定しないが、この反歌二首は、長歌と比べ、その心情の高揚度、緊張感においてはるかに穏やかで淡く、長歌の心情を説明して、内省的にうたいおさめているという感がふかい。長歌の結句を「いっそう効果的に繰返す形で、反歌が作り出され」ている、とは思われない。

泣血哀慟歌についても同じことがいえるように思われる。

天飛《あまと》ぶや　軽《かる》の道《みち》は　我妹子《わぎもこ》が　里にしあれば　ねもころに　見《み》まく欲《ほ》しけど　やまず行《ゆ》かば　人目《ひとめ》を多《おほ》み　数多《まね》く行《ゆ》かば　人知りぬべみ　さね葛《かづら》　後《のち》も逢《あ》はむと　大船《おほぶね》の　思《おも》ひ頼《たの》みて　玉かぎる　岩垣淵《いはかきふち》の　隠《こも》りのみ　恋《こ》ひつつあるに　渡《わた》る日の　暮《く》れ行《ゆ》くがごと　照る月の　雲隠《くもがく》るごと　沖《おき》つ藻《も》の　靡《なび》きし妹《いも》は　黄葉《もみちば》の　過《す》ぎてい行《ゆ》くと　玉梓《たまづさ》の　使《つかひ》の言《い》へば　梓弓《あづさゆみ》　音に聞きて　言《い》はむすべ　為《せ》むすべ知《し》らに　音の

みを　聞きてありえねば　我《あ》が恋《こ》ふる　千重《ちへ》の一重《ひとへ》も　慰《なぐさ》もる　心もありやと　我妹子が　やまず出《い》で見《み》し　軽《かる》の市《いち》に　我《わ》が立ち聞けば　玉たすき　畝傍《うねび》の山に　鳴く鳥の　声《こゑ》も聞こえず　玉桙《たまほこ》の　道行《みちゆ》く人も　ひとりだに　似《に》てし行《ゆ》かねば　すべをなみ　妹が名呼びて　袖ぞ振りつる（巻二・二〇七）

短歌二首

秋山の　黄葉《もみち》を茂《しげ》み　惑《まと》ひぬる　妹《いも》を求めむ　山道《やまぢ》知らずも（巻二・二〇八）

黄葉《もみちば》の　散り行《ゆ》くなへに　玉梓《たまづさ》の　使《つかひ》を見れば　逢《あ》ひし日思《おも》ほゆ（巻二・二〇九）

この短歌二首が山本健吉のいう抒情的主題であろうか、これらだけを読むかぎり、かなりに凡庸な作としかいいようがない。しかし、この長歌とあわせ読むと、惻々として胸に迫るものがある。ここでも長歌は、人目をしのぶ妹と作者の関係が導入部で提示され、妹の死を知らせる使者の手紙をうけとる展開部から、妹がしげしげと通っていた軽の市に出かけ、似た人を見ることもなく、すべもなく、袖ふって立ちつくす作者の心情には、ほとんど涙ぐむ思いがある。短歌二首は「泣血哀慟」というにはほど遠いのであり、結句の感情を「いつそう効果的に繰返」している、とは私には思われない。長歌こそが「泣血哀慟」というにふさわしいのである。

私は、短歌が抒情詩の定型としてすぐれた形式だ、と考えているけれども、抒情の総体をつかみとるというよりも、その結晶だけをとりだすのに適した形式ではないか、と疑っている。そのため、短歌だけでは独立して鑑賞することができないことも多いのではないか、と疑っている。たとえば、前掲の大津皇子の作のばあいも、「大津皇子《おほつのみこ》、死《し》を被《たまは》りし時に、磐余《いはれ》の池の堤《つつみ》にして涙《なみた》を流して作らす歌一首」という詞書とあわせ読んで、はじめてこの歌の悲痛さに心うたれるのだといってよい。これは必ずしも萬葉集の作に限られない。近代短歌でも、たとえば正岡子規の晩年の秀歌はことごとく境涯詠ともいうべきものであり、彼の作品を生みだした境涯を知ってはじめてその秀歌たる所以が理解できるのである。これは抒情を総体としてとらえていないためであり、本来の抒情は、大津皇子が死を賜ったとき、あるいは正岡子規が病床に呻吟しているときからはじまっているのだが、その心情の蒸溜されてできた結晶だけをうたっているからではないか。

萬葉集でも長歌は驚くほど少ない。四千数百首のうち僅か二百六十余首といわれている。柿本人麻呂にしても長歌は短歌に比しその数が極端に少ない。人麻呂ほどに感情の振幅が烈しく豊かで、しかも詞藻に恵まれ、的確な描写力をもった大歌人でさえ、長歌の制作はそう容易なことではなかったのではないか。山本健吉は「長歌の結句の部分は、おほかたその長歌の抒情的主題が強くうち出されてゐる。呪詞的主題が冒頭から大きな律動感を伴つて展開されてゐるなかに、抒情的主題はその底に潜んで、表には現れないのが普通である。そしてそれは、呪詞的主題がおほかた尽された最後に到つて、急に表面に現れ、その表現を獲得する。だから、その繰返しである短歌は、始めから純粋に抒情詩としての性格を与へられる」と記し、「呪歌としての長歌は、それが呪歌であるかぎりにおいて、それは全体の象徴であらうと志してゐる。だが長歌は、その反面に、抒情詩の母胎とならうとする欲求を底に潜めてゐて、それは結句において、さらにまた反歌において、抒情詩を生み出す」と記している。私はここでも山本健吉の考え方に同意できない。山本健吉は、長歌を抒情詩の母胎であっても、抒情詩ではなく呪歌としかみていない。呪歌である限り、古代人の呪術的想念が終ったときに、あるいは必要とされないときには、長歌はその存在意義を失うであろう。そう山本健吉の文章は暗示し、長歌の終焉の必然性をみているようにみえるのだが、山本健吉が例示したような挽歌についてそういう考え方が妥当するとしても、石見相聞歌や泣血哀慟歌の長歌が抒情詩の母胎であろうとする欲求を潜めているにすぎず、抒情詩ではない、と言いきるのが正しいいか。石見相聞歌にしても泣血哀慟歌にしても、その長歌は山本のいう咒歌的性格はない。かりにあるとしても、きわめて微弱なかたちで伏流をなしているにすぎない。

私は抒情詩は抒情をその総体としてうたうべきだと考えている。そういう本格的な抒情詩として私は石見相聞歌、泣血哀慟歌を愛してやまないのである。しかし、抒情をその総体としてとらえ、うたいきることは、抒情の蒸溜された結晶としてとりだすよりもはるかに難しい。私の偏見、独断といわれればそれまでのことだが、抒情を純粋な結晶としてとらえることに、萬葉集以来、わが国の歌人たちは心を砕いてきた、と私は考えている。

明治以降、新体詩、近代詩から現代詩といわれる非定型、自由詩に至るまで、たんに西欧の詩の影響をうけ、それらに触発されたというよりも、短歌が見捨ててきた、抒情をその総体としてとらえるという試みに挑戦し、悪戦苦闘してきたのである。そういう非定型、自由詩の実作者の一人として、私は石見相聞歌、泣血哀慟歌を仰ぎみるような心地で愛してきたのである。だからといって、私たちが人麻呂を模倣できるはずもない。私たちの時代にふさわしい抒情の総体を、人麻呂のような巨人に比すべくもない貧しい資質で、つかみとるように試みざるをえないのである。

源実朝『金槐和歌集』

ごく若いころ、小林秀雄『無常という事』所収の「実朝」を読み、「箱根の山をうち出でて見れば浪のよる小島あり、供の者に此うらの名は知るやと尋ねしかば、伊豆の海となむ申すと答へ侍りしを聞きて」との詞書のある、ひろく知られた作、

箱根路をわれ越えくれば伊豆の海や沖の小島に波の寄るみゆ

について、「この所謂万葉調と言われる彼の有名な歌を、僕は大変悲しい歌と読む。実朝研究家達は、この歌が二所詣の途次、詠まれたものと推定している。恐らく推定は正しい

であろう。彼が箱根権現に何を祈って来た帰りなのか。僕には詞書にさえ、彼の孤独が感じられる」

と書き、さらに

「悲しい心には、歌は悲しい調べを伝えるのだろうか。それにしても、歌には歌の独立した姿というものがある筈だ。この歌の姿は、明るくも、大きくも、強くもない。この歌の本歌として「万葉集」巻十三中の一首「あふ坂を打出て見ればあふみの海白《しら》木綿《ゆふ》花《はな》に浪立ちわたる」が、よく引合いに出されて云々されるが、僕には短歌鑑賞上の戯れとしか思えない。自分の心持ちを出来るだけ殺してみるのだが、この短調と長調とで歌われた二つの音楽は、あんまり違った旋律を伝える。「万葉」の歌は、相坂山に木綿を手向け、女に会いに行く古代の人の泡立つ恋心の調べを自ら伝えているが、「沖の小島に波の寄るみゆ」という微妙な詞の動きには、芭蕉の所謂ほそみとまでは言わなくても、何かそういう感じの含みがあり、耳に聞えぬ白波の砕ける音を、遥かに眼で追い心に聞くと言う様な感じが現れている様に思う、はっきりと澄んだ姿に、何とは知れぬ哀感がある。耳を病んだ音楽家は、こんな風な姿で音楽を聞くかも知れぬ。

大きく開けた伊豆の海があり、その中に遥かに小さな島が見え、又その中に更に小さく白い波が寄せ、又その先きに自分の心の形が見えて来るという風に歌は動いている。こういう心に一物も貯えぬ秀抜な叙景が、自ら示す物の見え方というものは、この作者の資質の内省と分析との動かし難い傾向を暗示している様に思われてならぬ」

と続けているのを読み、衝撃をうけた。これはまったく私の意表をつく解釈であった。たしかに、この歌の調べは大きくも強くもないが、のびやかであり、作者が「心に一物も貯えぬ秀抜な叙景」にちがいないが、私はそれだけに晴朗、澄明な叙景と解していたのであった（「実朝」の引用は、同文中に引用された『金槐和歌集』中の歌をふくめ、『小林秀雄全作品』（新潮社刊）による。ただし、ルビは適宜省いた）。

この「箱根路を」の歌については、私はむしろ「伊豆の海や」の「や」にこだわっていた。『角川新版　古語辞典』によれば、「や」には係助詞、終助詞、間投助詞の三種がある。係助詞としては疑問の意を表わすのが本来の用法であり、終助詞としても疑問の意を表わすのが本来の用法であり、文中に使われたり、活用語の終止形に使われたりすることで両者は区別されるが、間投助詞としては、感動、詠嘆の意を表わすのが本来の用法である、という。俳句における「や」は間投助詞としての「や」であろう。「箱根路を」の歌の「伊豆の海や」はもちろん疑問を呈しているわけではない。『日本古典文学大系』（岩波書店刊。以下、古典大系という）版『金槐和歌集』の頭注には、この「伊豆の海や」は「伊豆の海の」というのと同じ意味である、とある。しかし、「や」を「の」と同じ意味に用いる例は、私が参照した辞書類にはない。斎藤茂吉は全集（岩波書店刊）所収の「金槐集研究」中、「第三句の『伊豆の海や』で三句切にしてしまはない方が好いと常に私は思つてゐる」と書いている。その理由も述べているが、説得力に乏しいので省く。私は古典大系の頭注にかかわらず、箱根の山を越えてきて、眼前に豁然とあらわれた伊豆の海に対する感動、詠歎があり、そこで、「伊豆の海や」とうたい、下の句に続いたと考える。ただし、その感動、詠歎は瞬間的なものである。すでに作者の眼は沖の小島とその小島に寄せる波に注がれているからである。

本歌について小林秀雄は「女に会いに行く古代の人の泡立つ恋心の調べ」と記しているが、本歌を反歌とする「そらみつ」にはじまる長歌の異本「あをによし」によれば、そうした解釈もありうるが、本来の長歌からみて、素朴な叙景歌と読むべきであり、本歌の解釈の参考になるものではないと考える。

ところで中野孝次『実朝考』（講談社文芸文庫）は

ゆふされば汐風さむし波間より見ゆるこじまに雪はふりつつ

を「箱根路を」の前に引用した上で、本作品を解し、次のとおり述べている。

「前首にくらべると声調、形象性ともに問題なくすぐれているが、感性のはたらき方は全く同質である。巨視的な風景がこんなふうに心の一点に収斂していって初めて内面の姿として定まった。感情とか心的状況といったものは、いくらそれを対象としてほじくってみたところで仕方がない。告白とは最も不正確な内面の表現だ。ひとの内面の最も奥深い状態は、告白とか内的分析などという欲求をいっさい放棄したあと、なにかの折に物に触れて初めて発見されるもので、その一瞬をのがしたらもう二度と摑みえないものであろう。物とはつまり、海の青さのある種の状態とか、微妙な風の光り具合とか、ふとゆれ動く空気のなかにおのずから鳴きだした蟬の声とか、そういう具体的な一回限りの形象を通じて初めて、自己とはたぶんそういう形でだけ、発見されるものであろう。この歌も、形象が隠喩でも比喩でもなく、それ自体が物としてそこに存在しながら、心の表現となっている。こんなふうに、「ような」で現わされる書き換えでなく、まさに形象それ自体が心の表現となる歌は、たぶん新古今には一つもないに違いない。暗い苦しい山路を越えてきた者の前にふいに大きな風景がひらけ、その感動にさまよう目がやがて青い海の沖の一点にとどまった瞬間に、心の姿として定った。対象と見る我のあいだに、ちょうどみなぎり光る秋の透明な大気のように、見えない孤独な空間が張っていて、それが一首のひびきともなり、歌を単なる写生歌以上のものにしている」。

この中野孝次の文章は、多言を弄しているが、結局は小林秀雄が指摘したと同じく、この歌と孤独な寂しい心の歌とみる解釈を踏襲している。ただ、中野の文章は、彼が「ゆふされば」の前に引用している

ふく風のすずしくもあるかおのづから山の蟬鳴きて秋は来にけり

をふまえていることを知らないと分かりにくいかもしれない。

そこで中野の文章に戻ると、「箱根路を」の作は「ゆふされば」の作と比べ、「声調、形象性ともに問題なくすぐれている」と中野はいうが、私はそうは考えない。「箱根路を」にはのびやかな声調があり、「ゆふされば」にはしみじみとした声調があり、どちらの声調がすぐれているとはいえない。形象性についていえば、「箱根路を」は大づかみに風景

をとらえて明晰だが、「ゆふされば」は繊細にこまやかに対象をとらえて鮮やかであり、どちらが形象性においてすぐれているとはいえない。また、中野は「箱根路を」には「みなぎり光る秋の透明な大気のように、見えない孤独な空間が張って」というが、「空間が張って」という表現がひとりよがりであることを別として、私なら「見えない孤独な空気が漲って」とでも表現するところであろう。それはともかくとして、「歌を単なる写生歌」と中野はいうが、単なる写生歌などというものはない。写生といい、叙景といっても、対象に接したとき、作者にある種の感動、詠歎、心のときめきがなければ、作歌の衝動は生じない。この感動、詠歎、心のときめきをどこまで正確に表現しているか、が問題なのである。

一方、吉本隆明は『源実朝』において、「箱根路を」以下四首、計五首を引用し、「XI〈事実〉の思想」中、

「いずれも実朝の最高の作品といってよい。また真淵のように表面的に『万葉』調といっても嘘ではないかもしれない。しかし、わたしには途方もないニヒリズムの歌とうけとれる。悲しみも哀れも〈心〉を叙する心もない。ただ眼前の風景を〈事実〉としてうけとり、そこにそういう光景があり、また、由緒があり、感懐があるから、それを〈事実〉

として詠むだけだというような無感情の貌がみえるようにおもわれる」と書いている（『源実朝』の引用は、同書中に引用された『金槐和歌集』・万葉集中の歌をふくめ、ちくま文庫版による）。眼前の風景を〈事実〉として無表情に読むとはどういうことか。「感懐」があるから、眼前の光景に作歌の動機が生じたのである。「悲しみも哀れも〈心〉を叙する心」もない、などということはない。叙する心なくしてニヒリズムも歌となることはありえない。

　ニヒリズムという吉本隆明の解釈が小林秀雄の解釈の延長線上にあることは間違いない。しかし、無感情のニヒリズムと言ったのでは、実朝の和歌の全否定に近い。吉本が「箱根路を」の他四首を引用したと述べたが、その中に、「同詣《おなじまうで》下向後、朝にさぶらひども見えざりしかばよめる」との詞書をもつ

　旅をゆきし跡の宿守おれ〳〵にわたくしあれや今朝はいまだ来ぬ

をふくんでいる。これも「実朝の最高の作品」の一と吉本はいうのだが、私には何としても同感できない。吉本はこう書いている。

「二所詣での下向後に近習や警備の武士たちのすがたがみえないのを「おれ〳〵にわたくしあれや」とかんがえる心の動き方は、瞋っているのでもなく、もとめているのでもなく、どこかに〈どうでもよい〉という意識があるものとよみとることができる。こういう〈心〉を首長がもちうることを推察するには、武門たちの〈心〉のうごきはあまりに単純であった」。

吉本は「瞋っているのでもなく、もとめているのでもなく」というけれども、近習や警備の武士たちの姿が見えないのを訝っているのである。反面、旅行中、私用が滞っていたためかとも思い、公私の別のないことに不快感を覚えているのである。

小林秀雄はこの作について、「彼は悲しんでも怒ってもいない様だ。併し、そういう事はどうでもよい。恐らく、彼自身にとってもどうでもいい事であった。歌は、写生帖をひらいて写生でもしている様な姿をしていて、画家の生き生きとした、純真な眼差しが見える。この画家は極めて孤独であるが、自分の孤独について思い患う要がない。それは、あまりわかり切った当り前な事だから」と書いている。吉本が、この歌には、武士たちの姿が見えないことについて「〈どうでもよい〉という意識があるものとよみとることができる」といったのも、やはり小林秀雄が「彼自身にとってもどうでもいい事であった」と書いたのをうけているであろう。

じっさい、武士たちが伺候しないことについて理解したにしても、不快感をもったにしても、不審感、訝しさ以上の強い感情ではなかった。こうした心情に共感し、感動を覚えることは難しい。「箱根路を」の作に孤独を感じ、寂しい歌と読むのは、実朝の境遇、生涯を背景として読むからであって、この「旅をゆきし」の歌を傑作と評価するのも、同じ姿勢に由来する。私には「旅をゆきし」は駄作としか評価できない。小林秀雄はこの文章の中で「『金槐集』は、凡庸な歌に充ちているが、その中から十数首の傑作が、驚くほど明確で真率な形と完全な音楽性とを持って立現れて来る様は、殆ど奇蹟に似ている」といっていることからみれば、「旅をゆきし」は「凡庸な歌」としか私には思われないのだが、一方、小林秀雄は「僕は歌の評釈をしているわけではないのだから」といって「人々が好むところを読みとるに如くはない」とひらき直っている。しかし、私には小林秀雄は源実朝の歌を「評釈」しているのでなければ、何故歌を引用し、その感銘を伝えようとしているのか。実朝の性格ないし彼の孤独に映じた風景として歌を紹介しているだけのことであれば歴史家に任せればよい。「箱根路を」を「悲しい歌」と読み、孤独を指摘したからこそ、金槐和歌集評釈の新しい局面が開かれたのではないか。

さて、吉本隆明は「箱根路を」に次ぎ、「あら磯に浪のよるを見てよめる」との詞書をもつ

大海の磯もとゞろによする波われてくだけて裂けて散るかも

を引き、最高の作品の一にあげている。中野孝次は「ここには詩人の感慨など一言も歌われていないで、すべてがただ最も純粋な形象だけで成っているが、この一首全体からきこえてくるのは、そういう巨大な避くべくもないものの襲来の予兆の前に、ただ立って、感じ、耐えているしかない人の、そのエネルギーに匹敵するほど大きなある感情である」という。小林秀雄は「こういう分析的な表現が、何が壮快な歌であろうか。大海に向って心開けた人に、この様な発想の到底不可能な事を思うなら、青年の殆ど生理的とも言いたい様な憂悶を感じないであろうか。恐らくこの歌は、子規が驚嘆するまで（真淵はこれを認めなかった）孤独だっただろうが、以来有名になったこの歌から、誰も直かに作者の孤独を読もうとはしなかった」という。『新潮日本古典集成』版『金槐和歌集』のこの歌の頭注には「岩頭に砕け散る大波の勇壮さを見事に捉えた歌。ただしその背後には、波ととも

に砕け散ることに快感を覚えるような虚無・孤独の影が漂っていよう」とある。いわば折衷的解釈である。

しかし、私はこの作を壮快、勇壮とも思わないし、この作から憂悶を感じない。まして孤独感も覚えないし、「巨大な避くべくもないものの襲来の予兆の前に」立つ人のエネルギーに匹敵する感情も感じとることができない。

古典大系版『金槐和歌集』の頭注には「「伊勢の海の磯もとどろによする波かしこき人に恋ひわたるかも」(万葉巻四)にまなぶところがある。「大海の磯も」「われてくだけて」の語も万葉に用例がある。かように先例ある語を使いながら個性味ある歌を形成した点を注目すべきである」という。

右の用例としては、吉本が指摘していることだが、巻七の

大海の礒もとゆすり立つ波の寄らむと思へる浜の浄けく

がまずあげられるだろう。右「大海の礒もと」の「礒もと」は磯の底を意味すると頭注にある。また、これも吉本が指摘しているとおり、用例として巻十二の

聞きしより物を念へばわが胸は破《わ》れて摧《くだ》けて利心《とごころ》もなし

があげられるであろう。この歌の語句のほとんどが万葉集に見いだすことができるのである。

この歌は右の事実からも明らかなように、万葉集の用語をモザイクのようにくみたてて作ったものであり、独創性に乏しい。しかし、私がこの作を拙いと考える所以は、ただ一度の波が汀の岩に寄せ、われて砕けて裂けて散るという現象からは、格別の感傷を覚えることはありえないからである。たえず波が寄せては砕け、砕けては寄せる、止むことのない、永遠の空しさが、私たちの感慨を喚起するのである。実朝のこの歌は、こうした永遠の空しさ、無常観につながり、しかも無常にたえる波の気高さを、実朝はとらえていないのである。たとえば『金槐和歌集』巻之中、恋之部（古典大系）の

うき沈みはては泡とぞ成ぬべき瀬々の岩浪身もくだきつゝ
山川の瀬々の岩波わきかへりおのれひとりや身をくだくらむ

などは張りつめた気迫、声調に欠けており、秀歌とはいえないが、発想としては「大海の」よりもすぐれていると私は考える。

吉本隆明が次に引用するのは「又のとし二所へまゐりたりし時箱根のみづ海を見てよみ侍る歌」という詞書のある

玉くしげ箱根の海はけゝれあれや二山にかけて何かたゆたふ

この歌は古典大系の補注によれば、「定家本等には、「玉くしげ箱根のみうみけけれあれやふた国かけてなかにたゆたふ」とある。この場合では、「みうみ」は「海」というのと同じで、「み」は添え辞、「たゆたふ」は、ゆらりと動きただよう意味である」という。また、頭注には「玉くしげ—「箱」の枕詞」「けゝれあれや—心があるからか。「甲斐が根をさやにも見しがけけれなく横をりふせる小夜の中山」（古今巻二十）」「何かたゆたふ—何かためらっているようである」の意という。

小林秀雄は、定家本により引用し、右の歌について次のとおり記している。

「彼の歌は、彼の天稟の開放に他ならず、言葉は、殆ど後からそれに追い縋《すが》る様に見える。その叫びは悲しいが、訴えるのでもなく求めるのでもない。感傷もなく、邪念を交えず透き通っている。決して世間というものに馴れ合おうとしない天稟が、同じ形で現れ、又消える」。

私は「その叫びは悲しい」ということを除けば、小林秀雄に同感だが、叫びを聞かず、悲しみを感じなければ、この歌のどこに読みどころがあるのか、分からない。ここで実朝は、この湖が相模と駿河の二国の間にただよっていることに気付いて、その事実を興がっているにすぎない。あるいは山岳信仰、自然信仰的な呪術的心情がこめられているかもしれないが、そう考えた上でも、私には凡庸としか思われない。吉本隆明がみたようなニヒリズムをこの作にみることはできない。

中野孝次は斎藤茂吉の『金槐集選釈』を引用し、この評がもっともすぐれている、という。

「この歌は、全体古樸で、むしろ蒼古ともいふべき形態のうちに、堪へがたいやうな悲哀の情調をこもらせてをるのは、実に何ともいへぬ感味である。そしてこの奥ふかくこもりをる悲哀は、恋愛の情調にかよふとも謂ふべきものであつて、古代人民謡の心にひとしい一種の情感を思はしめる」。

私には、作者のふと気付いた事実の興趣からこの作は生まれたとしか思われないので、「古代人民謡」的要素はかりに認めるとしても、この作に「悲哀の情調」を認めるのは、作者の生涯の悲劇を念頭においた深読みとしか思われない。

ただ、斎藤茂吉は「蒼古」と評したが、「箱根路を」にしても、この歌にしても、実朝の歌の秀歌にのびやかで大らかな調べがあることまで私は否定するつもりはない。

吉本隆明が「箱根路を」以下五首をあげて「いずれも実朝の最高の作品」とした第五首は次の作である。


わたつ海のなかに向ひて出《いづ》る湯の伊豆のお山とむべもいひけり

これは湧き出る湯の「出《いづ》る」と伊豆の言葉の一致に興を見いだしただけの凡作であって、私はこういう作を「最高の作」の一にあげる吉本の鑑賞眼に疑問をもたざるをえない。

じつは私は吉本隆明の『源実朝』に感銘をうけ、その卓抜な見解に教示をうけている。彼の個々の作品に対する鑑賞に関して私が同意できないことが多いことは事実だが、万葉集から新古今集に至る短歌史の本質の変容は、吉本ならではこれほど見事に解明できなかったにちがいない、と私は考えている。

すなわち「『万葉集』と『古今集』とのあいだには、〈和歌〉の詩的な性格のうえで見事にちがってしまったなにかがあるのだが、この過程をたどるのは、ほとんど絶望的であるといってよい」と言いながら、

「ひとつには、〈物〉を叙することが、すなわち〈心〉を叙することの暗喩であり、したがって〈物〉を叙した部分は〈和歌〉全体のなかでは〈無意味〉でありうるという〈和歌〉形式が発生のはじめにもっていた性格は、見事に〈変容〉してしまっていることである。

もうひとつは、〈和歌〉形式のなかで〈心〉を叙するばあいには、それ自体としては単純な〈心〉の動きしか表現できないという性格も、また〈変容〉してしまっているということである」

と吉本隆明はその「Ⅷ〈古今的〉なもの」の章の冒頭で述べている。この章で吉本は

野べちかく家ゐしをれば鶯のなくなるこゑは朝な朝なきく（『古今集』読人しらず）

を引用し、「このばあいの「朝な朝な」は『万葉集』の〈和歌〉のなかの「朝な朝な」ほどの生々しさはなくなっている」という。

この前章「Ⅶ　実朝における古歌」で吉本は、実朝の

高円《たかまど》の尾の上《へ》の雉子《きぎす》朝な〱嬬《つま》に恋ひつゝ鳴音かなしも

に並べて万葉集巻十一の

人の親の未通女《をとめ》ごするゑて守山辺から朝な朝な通ひしきみが来ねば哀しも

を引いている。万葉集の作は、親が娘を置いて大切に守るという、守山のほとりを通って、朝ごとに通ってきた貴女が来ないのが悲しい、といった意味のようである。この作では上句は「暗喩」として用いられている。それ故、〈物〉を叙した上句は〈和歌〉全体の中では無意味でありえたのに比し、古今集になると、景物を叙しても、景物の象徴を叙した言葉となり、叙景歌は、詩的な〈規範〉にのっとった空想でいわば〈規範〉の象徴詩ともい

うべき性格をもつに至った、というのが吉本の論旨である、と思われる。〈規範〉としての言葉が生き生きした現実性を失うこととなるのであろう。そこで、吉本は実朝の作から

己がつま恋ひわびにけり春の野にあさる雉子《きゞす》の朝な朝な鳴く

を引き、「実朝の類歌は、じぶんのつまをもとめているらしい雉子が、朝ごと鳴くという歌で、〈心〉を〈規範〉にしている歌である。雉子はむしろ作者そのものに近いようになっている」といい、「古今集」の「野べちかく」は「ほんとうの意味では〈景物〉を叙した」歌でなく、「〈規範〉の象徴詩ともいうべき性格をもっている」として、実朝の作を「古今的」なものと区別している。

吉本はさらに「Ⅸ 『古今集』以後」の章で、次のとおり記している。

「『古今集』以後の勅撰集のうち、もっとも注目すべきものは『後拾遺集』である。この集中の作品によって、〈和歌〉は、またひとつの変容をとげたとみることができる。これは一口にいってしまえば、俗語の大胆な導入ということになるが、絵画風にたとえていえば薄墨色で描かれた『古今集』とそのあとの詩に、太陽の光線を導きいれるといった効果

をもたらした」。「べつのいい方をすれば詩的な〈規範〉のたががゆるんで、〈象徴〉性が崩壊しはじめたことを意味している。また、べつの側面からいえば、〈物〉（景物・季・自然信仰）の崩壊であるといってよい」。

浅学にして吉本説の当否は私には判断できないが、おそらく正しいであろう。

続いて「X〈新古今的〉なもの」を論じ〈新古今的〉なものとは「ひとくちにいえば、すでに〈景物〉ではなく〈景物を詠む〉ことが〈規範〉となった詩の世界をさしている」という。

この考え方は私にもまことに妥当性をもつと思われる。

そして「XI〈事実〉の思想」の章で終り、同章では「実朝の〈景物〉はあたかも〈事実〉を叙するというよりほかないような独特な位相であらわれ、けっして〈物〉に寄せる〈心〉でも、〈心〉を叙するために〈景物〉をとらえる叙情でもないとしかいいようがない」歌境に達した、と吉本は述べていると私は解する。

こうした歌境の変容に応じて実朝の作を吉本は論じている。私には吉本がこのように時代ごとに歌境の本質を説き、その本質的観点からそれぞれの作を鑑賞していることから、「箱根路を」以下の作品に関する吉本の評価について何としても私が同意できない理由があると考える。あえて批判的にいえば、吉本は、和歌を鑑賞するばあい、和歌をそのままに読むことなく、彼の確立した立脚点ともいうべき尺度で評価する誤りをおかしているとしか思われない。

このような立場から吉本は多くの作を引いているので、吉本がことに秀歌としてあげている作を読むこととする。

くれなゐの千入《ちしほ》のまふり山の端に日の入るときの空にぞありける

吉本は本歌ないし類似歌として万葉集巻十一の「くれなゐの濃染《こぞめ》のころも色深く染《し》みにしかばか忘れかねつる」を引き、実朝の歌は、「本歌とくらべて特色がはっきりと出ていて、しかもみくらべて劣るところはない。山の端に入りかける真赤な濃い夕日の色をみて、古代のくれない染めの、繰返し浸しては振った千入染《ちしおそ》めの色のようだな、とおもったそれだけのことであるが、「日の入るときの空にぞありける」という表現は、ただ〈そういう空だな〉といっているだけで、しかも無限に浸みこんでゆく〈心〉を写しとっている」という。

この歌はずいぶん評判高い作のようである。小林秀雄も次のとおり書いている。

「何かしら物狂おしい悲しみに眼を空にした人間が立っている。そんな気持ちのする歌だ」。

「日の入るときの空にぞありける」の下句がしみじみと心に沁みる調べであることに私はまったく同感なのだが、「千入のまふり」という上句の形容が私には適切とは思われない。「千入の「入」は染める度合をいう語」と古典大系の頭注にあるので千度も染めた、というほどの意と解する。鎌田五郎『金槐和歌集全評釈』は、「まふりはまふりでの略、ふりでは紅を水に振出して染めること、又、その色」という。『新潮日本古典集成』の頭注には「振り出し染めの真紅の色を連想して詠んだ」という。もし、戦死した武士たちの血潮で染めあげられたような真紅を上句にした比喩と読むならば、はるかに下句にふさわしいだろう。素直に読者の心に落ちない上句の故に、私はこの作を採らない。

次に吉本は

秋ちかくなるしるしにや玉すだれ小簾《こす》の間《ま》とほし風の涼しさ

を引き、万葉集巻十一の「玉たれのこすの隙《すけき》に入り通ひ来ねたらちねの母が問はさば風と申さむ」を参考にあげ、「「秋ちかくなるしるしにや」もまた、まったくの叙景にみえる。ただ「風の涼しさ」といっているだけのようにみえる。しかし、この「風の涼しさ」は、ある瞬間に風がとおりぬけ、そのときだけ救われたようにほっとしている実朝の〈心〉の状態をまるで白黒写真のように写しとっているようだ。本歌とみられる『万葉』旋頭歌の恋歌の、無邪気さとは似つかないのである」という。

この吉本の解釈には無理があるのではないか。すだれ越しに涼しい風が吹きこんできたようだ、もう秋が来たのかな、と解しても差支えない。瞬間に風が通りぬけるのに気付いて、ああ、秋だ、と感じる方が詩として豊かだが、そこまで実朝は詠んでいない。私にはこれは吉本の深読みのように思われる。

これと似た作に吉本が「指おりの秀作」という

吹く風は涼しくもあるかおのづから山の蟬鳴きて秋は来にけり

がある。「蟬のなくをきゝて」と題されたこの作は、まず、風の涼しさに気付き、そういえば、蝉も鳴いているから、もう秋なのだ、と一応解されるであろう。前作の「玉すだれ小簾」も「蝉」も秋を実感させる小道具なのだが、「ふく風の」における「おのづから」は「自然と」「自然の運行にしたがい」と解するより、ふと気付けば、と解したい。これも吉本が前作について解したと同様の無理があるかもしれないが、「おのづから」には「偶然」という意味もあるので、ひょっとすると成り立つかもしれない。この作について中野孝次は「おそろしく透明なさびしさ、もはや孤独感と呼ぶのさえはばかられる純粋な心のあり方が、おのずから高い調べとなった」と書いているが、「透明なさびしさ」という「孤独感」というのはどうか。ここにものびやかな、素直な調べがある。無心な詩心を読みとれば足りる、と私は考える。

吉本はまた、

世の中はつねにもがもな渚こぐあまの小舟の綱手かなしも

を引き、万葉集から巻十一の「世の中の常かくのみと念《おも》へども半手《かたて》忘れずなほ恋ひにけり」をあげ、次のとおり記している。

「「世の中はつねにもがもな」の歌も、本来ならば恋歌の着想であるといえる。しかし実朝の〈心〉のうごきは、由比ヶ浜の渚でいつかみた漁舟の、こぎ手の手の動き、櫓綱のうごきのイメージで停止している。そして不安な将軍職のうえにいるじぶんの〈心〉をみてしまうのである」。

綱手は舟を引く綱をいう。漁師が舟を漕ぐにつれ、綱手が揺れうごく。これはささやかな揺れである。かりに一定でないにしても、波にただようほどの揺れである。この揺れは「世の中」は「常」にあってほしい、という上句とはまるで釣り合わない。将軍職の不安定さならともかく、社会状況の安定を願うのであれば、下句はあまりにも弱い。百人一首の選者は「世の中」社会状況を動乱の時期とみていなかったにちがいない。

もの丶ふの矢並つくろふ籠手《こて》の上に霰《あられ》たばしる那須の篠原

右の歌について吉本は「真淵もあげ、子規も引用している周知の歌だが、かれらのいうこの万葉調の力強い歌は、けっしてそうはできていない。名目だけとはいえ征夷将軍であったものが、配下の武士たちの合戦の演習を写実した歌とみても、そういう情景の想像歌としてみても、あまりに無関心な〈事実〉を叙している歌にしかなっていない」という。

私はこの吉本の鑑賞にまったく賛成し、同感する。この作は空想としか思えないほど、現実観に欠けている。「霰たばしる」音がまるで聞こえてこない。

つけ加えれば、「籠手の上に霰たばしる」は万葉集巻十の「我が袖にあられたばしる巻き隠し消たずてあらむ妹が見むため」という柿本人麻呂作の上句から影響をうけているのではないか。

吉本はよく知られた

物いはぬ四方《よも》のけだものすらだにも哀れなるかな親の子を思ふ

「慈悲の心を」と詞書した作を引用しているが、格別の感想、鑑賞を記していない。私はこの種の作に好感をもてない。すなわち、実朝と同腹の兄頼家が、北条義時ないし北条家の一族の誰かに誅殺され、頼家の実母政子は頼家の誅殺、それも、まことにむごく殺された事実を知っていたはずである。この事実を知りながら、実朝がこの歌を「慈悲の心を」と詞書してうたったのは、まさか政子に対する怨みをこの作にこめたわけではあるまい。

一種の儀礼、挨拶の作と考える。

時によりすぐれば民のなげきなり八大竜王雨やめたまへ

の、やはり知られた作があり、古典大系に「建暦元年七月洪水漫レ天《(てんをひたす)》土民《(どみん)》愁歎きせむ事を思ひて一人奉レ向二本尊一聊致レ念《(ほんぞんにむかひたてまつりていささかねんをいたす)》と云」との詞書がある。竜王が雨を司ると考えられていたことはいうまでもない。いかにも為政者の人民の幸福を願った作のようだが『新潮日本古典集成』には、『吾妻鏡』にはこの洪水に関する記述がなく、「詳細不明」とある。したがって、これも、何らかの機会における挨拶の作なのではないか。むしろ、実朝の治政期、地震が多かったことが知られているが、地震の被害について人民の苦労を思いやった作は『金槐和歌集』には見当たらないようである。このような作からみると

「道のほとりに幼きわらはの母を尋ねていたく泣くを、そのあたりの人に尋《たづね》しかば、父母なる身まかりにしとこたへ侍しを聞《きき》て」

との詞書をもつ

いとほしや見るに涙もとゞまらず親もなき子の母をたづぬる

や、「歳暮」と題した

乳房吸ふまだいとけなきみどり子の共に泣きぬる年の暮かな

などの作にはよほど実朝の人間性が感じられる。ただ吉本は、これらの作と併記して

神といひ仏といふも世の中の人のこゝろのほかのものかは
うつゝとも夢ともしらぬ世にしあれば有りとてありと頼《たのむ》べき身か
とにかくにあな定めなき世の中や喜ぶものあればわぶるものあり
世中《よのなか》は鏡にうつる影にあれやあるにもあらずなきにもあらず

をあげている。右の第一首には「心の心をよめる」、第二首には「無常を」、第三首には「人心不常といふ事を」、第四首には「大乗作中道観歌」の詞書がある。これら四首に前記

の「物いはぬ」「いとほしや」「乳房吸ふ」などを加えて、吉本は次のように記している。

「歌が晩年に詠まれたものと、べつに主張しようとはおもわない。この種の歌はなかなか類形がみつけられない。また叙景歌でもなければ叙情歌でもない。そうかといって物語の語りが附着した叙事歌でもない。〈事実を叙するの歌〉とでもいうよりほかないものである。このばあい〈事実〉というのは、現実にある事柄とか、現実に行われている事とかいう意味ではない。〈物〉に心を寄せることもしないし、〈物〉から心をひきはなすこともしないで、〈物〉と〈心〉とがちょうどそのまま出遇っているような位相を意味している。「心の心をよめる」という題辞は、ある意味では心の奥にあるものをうち明けてみれば、ということになる。「神といひ仏といふも世の中の人のこゝろのほかのものかは」とおもいだした実朝が、武門たちのように一族の祭祀や仏事をまともに心から実行したはずがない。また、「人心不常といふ事」は、実朝にとって畠山氏や和田氏の一族の最後を生々しくおもいおこすことなしに詠みえなかったろう。どういうわけか、実朝は、老人や幼児や捨て子たちの境涯に、とても壮年のこころとはおもえないような関心のしめし方をしている。老人は畠山氏や和田氏であり、幼児はじぶんを育てた乳母であり、捨て子はじぶん自身のことであったかもしれない」。

和歌をどうして叙事歌、叙情歌、叙景歌などと分類しなければならないか。私には吉本のこのようなこだわりが理解できない。私が後から引用した四首はいずれも無常観を詠んだ歌と解すれば足りるのではないか。そして、無常観を詠んだ歌として読んだばあい、これらの作は思想性、抽象性があらわで、具象的イメージ、形象性が乏しい。

ところで、吉本が「神といひ」の歌に関し、このように思いだした実朝が祭祀、仏事をまともに心から実行したはずがない、というのは不可解である。この歌は、どう読んでも、古典大系の頭注が「神仏というものも、みなわが心から生まれるものである」と解し、『新潮日本古典集成』の頭注にあるように「神仏を生み出した、人間の心を尊ぶ実朝の心眼」をあらわしたものとしか読みようはない。吉本は、人の心とは関係ないものだ、と「人の心のほかのものかは」と反語形を見過して解しているのではないか。

そういえば、吉本隆明『源実朝』には、実朝の作に限らず、吉本が誤解していると思われる記述が処々に目につく。たとえば、

筑波嶺の嶺《ね》ろに霞みゐ過ぎがてに息衝《つ》く君を率寝てやらさね

という万葉集巻十四の歌について、島木赤彦が「〈あなたは、吾が家のあたりを行き過ぎんとして、猶躊躇して深き溜息を洩らしてゐる。それほどにして私を思うて下さるのに、何うして只このまま帰らせませう。いざ共に寝ようといふのであつて、「過ぎがてに息づく君」の写生が会心であり、云々〉と解釈している」が、これは「近代的な読みちがえ」であり、「〈筑波山の尾嶺のところに霞がたなびいてとどこおっている〉というのは〈無意味〉な虚詞であって、一首の意味は〈吐息をこらしてわたしのまえにいるあなたと共寝をしようね〉というところにしかない」と吉本は書いている。

『新日本古典文学大系』の脚注では、「筑波山の嶺に霞がかかって過ぎ去らないように、通り過ぎかねて溜め息をついているあの人を、引き入れて寝て帰しなさいよ」という意である、と説明している。私が参照した、すべての注釈書は同様の解釈を示している。吉本は「率《ゐ》寝《ね》てやらさね」という第三者が女に勧めている句を看過しているのである。いうまでもなく「筑波嶺の嶺ろに霞みゐる」は序詞である。序詞ははたして「虚詞」なのか。吉本の「虚詞」という語もかなりに理解が難しい。同じ万葉集巻十四の

足柄の彼面此面《をてもこのも》に刺す係蹄《わな》のか鳴る間静《ましづ》み児ろ吾れ紐《ひも》解く

についても、吉本は島木赤彦の解釈を批判し、「下句〈話しあうのをやめてひっそりと女もじぶんも下紐をといて共寝しようとする〉というところに」「一首の意味」があり、上句は「〈物〉を叙した虚詞である」という。島木赤彦の解釈も誤りだが、この歌は、『新潮日本古典集成』では「足柄山のあちら側にもこちら側にも張り渡した罠の鳴り響く、その間の静まるのを待ってから、かわいい娘と私とは紐を解き交す」と解している。この歌では「かなるましづみ」をどう解するかが難しいようである。『岩波古語辞典(補訂版)』では「人がさわがしい間をこっそりと」と訳している。そうであれば、罠が鳴って騒がしい中でこっそりと、愛をかわす、という意だし、反対に、罠が静まったところで、と解すべきかもしれない。「話しあうのをやめてひっそりと」は間違いであろう。こうした島木赤彦批判について吉本は、万葉集のように夥しい参考書、研究書があるにもかかわらず、これらを参照することなく、独自の説を立てているようにみえる。『源実朝』についても、同様の姿勢をかいまみる思いを私は抱いている。

最後に、あるいは『金槐和歌集』中もっとも高く評価されているのではないかと思われる作について記す。

ほのほのみ虚空にみてる阿鼻地獄行方もなしといふもはかなし

小林秀雄は次のとおり書いている。

「彼の周囲は、屡々地獄と見えたであろう。という様な考えは、恐らく僕等の心に浮ぶ比喩に過ぎず、実朝の信じたものは何処かにある正銘の地獄であった。僕は、この歌を読む毎に、何とは知れぬが、いかにも純潔な感じのする色や線や旋律が現れて来るのを感じ、僕にはもはや正銘の地獄が信じられぬ為であろうかと自問してみるのだが、空疎な問いに似て答えがない。僕にしかと感じられるこの同じ美しさを作者も亦見、感じていなかった筈はあるまい」。

ここで小林は美を、色彩、形象、音楽にみる美をみている。どうして美がみられるのか、私には疑問である。

中野孝次は、実朝の釈教歌ふうの歌はみな和田合戦の前後に詠まれたものにちがいないといい、ここで「行方もなし」というのは「いったいだれなのか」と疑問を呈している。「実朝か、それともあの炎の中で「声を揚げて悲哭し、東西に迷惑し」つつ滅んだ義盛か。

往生要集によれば、阿鼻地獄に堕ちてゆく罪人は、中有でこう泣き叫んでいるという、「ただ炎、すべては炎、隈もなく、空を覆える、四方また、八方のみか、地上さえ、火は覆いたり、ぬばたまの、暗き地あげて、悪しきひと、満ちあふれたり、いま帰する、ところとてなく、孤独にて、同伴《つれ》さえもなし、悪しき闇の、なかにしありて、大いなる火につつまる」（石田瑞麿訳）ぬばたまの夜を領する大いなる炎のなかで、帰するところもなくひとり苦悩しているこの罪人の姿は、いったいだれなのか」。

小林秀雄は実朝自身が阿鼻地獄に落ちるものと自覚していたものと考え、その自覚を美しいととらえたと私は考える。しかし、中野のいうとおり、実朝ではないかもしれない。人間すべての運命について詠んでいるという解釈も充分に成り立つ。誰の行方か知れないのがこの歌の謎なのだが、行方が知れぬことが「はかなし」とはまたどういうことか。たよりない、空しい、といった意味に解するのがふつうだろう。行方は知れぬのだ、そういったところで空しく、はかないことだ、と解されるのではないか。

私はそういう意味で小林秀雄の意見に同意できないし、歌として、上句に比し、下句の形象性、思想性が弱く、不確かであり、名歌とはいえないと考える。

今朝みれば山も霞て久方のあまの原より春は来にけり

『金槐和歌集』（古典大系）巻頭の歌である。本歌は新古今集の「み吉野は山も霞みてしら雪のふりにし里に春は来にけり」だが、本歌に比し、はるかにのどやかで、景色のとらえ方が大らかである。こうした作に私は実朝の才能を認める。「箱根路を」も同じである。彼は生得ののびやかな声調をもち、確かに情景を見る眼とそれを表現する技術をもっていた。

源実朝はすぐれた叙景詩人であった。しかし、それ以上の天才ではなかった。私は彼をそのように評価している。

加藤楸邨という小宇宙

一九四九（昭和二十四）年刊の加藤楸邨の第七句集『起伏』に次の句が収められている。

鮟鱇の骨まで凍ててぶちきらる

著名な詩人村野四郎が一九五四（昭和二十九）年に刊行した詩集『抽象の城』に「さんたんたる鮟鱇」という詩が収められている。戦後詩の代表作の一と評価する方が多い作品である。「へんな運命が私をみつめている　リルケ」というエピグラフを付された、この詩は次のとおりである。

顎を　むざんに引っかけられ
逆さに吊りさげられた
うすい膜の中の
くったりした死
これは　いかなるもののなれの果だ

見なれない手が寄ってきて
切りさいなみ　削りとり
だんだん稀薄になっていく　この実在
しまいには　うすい膜も切りさられ
もう　鮟鱇はどこにも無い
惨劇は終っている

なんにも残らない廂から
まだ　ぶら下っているのは

大きく曲った鉄の鉤だけだ

楸邨に前掲の句があり、村野四郎に右の詩があることを互いに知っていたとは考えられない。私は村野四郎の作を相当に評価しているけれども、楸邨の十七文字に遠く及ばないと考える。村野の作は説明過多である。鮟鱇の運命を「惨劇」とみる思い入れがある。楸邨の作には冷酷ともいうべき眼差しで対象に迫った鮟鱇という物体がある。この描写からどのような感想をもつかは読者に委ねられている。鮟鱇の吊し切りという情景を目にする読者は解体される鮟鱇の見事な包丁さばきに見ほれるかもしれないし、吊し切りという解体の珍しい情景に感銘をうけるかもしれない。解体される鮟鱇にしてみれば、「惨劇」かもしれないが、楸邨は、鮟鱇が「骨まで凍てて」いること、「ぶちき」られる鮟鱇という物体を、忠実に再現し、読者に呈示したにとどまり、いかなる説明も加えない。いかなる解釈も示さない。あるがままを、あるがままに、描いている。おそらく楸邨がみていたものは、「物の見えたる光」の一瞬であり、鮟鱇のあわれであり、もっといえば物のあわれであろう。同じことが『起伏』に先立つ第六句集『野哭』所収の次の句についても言えるはずである。

雉子の眸《め》のかうかうとして売られけり

私はこの句から斎藤茂吉の歌集『白桃』所収の「上ノ山滞在吟」中の作

上ノ山の町朝くれば銃《つつ》に打たれし白き兎はつるされてあり

を連想する。茂吉の伝記の読者には知られているとおり、この歌の背後には茂吉の妻輝子夫人にまつわる事件があり、背景を知ると否とにかかわらず「上ノ山滞在吟」はしみじみと心をうつ連作である。銃に打たれた兎に作者が自己を仮託していると解することができる。兎は眼はうつろで寂しいであろう。「雉子の眸」は「かうかう」としているが、やはり銃に打たれて店先に吊されているにちがいない。雉子も兎もその運命に変りはあるまい。村野四郎の作が説明過多であると同様、斎藤茂吉の作も説明過多である。「上ノ山の町朝くれば」とうたいはじめて兎に見入る作者は劇中の人物として自己を示している。その自己と兎との対比による劇がこの短歌に存在するといってよい。しかし、「雉子の眸」には過剰なものはすべて切り捨てられている。楸邨はあるものをあるがままに呈示している。ここでも作者の「物の見えたる光」が見た雉子のあわれ、いわば物のあわれを凝視している。

一九四八（昭和二十三）年刊の第六句集『野哭』は楸邨の作句の頂点の一であり、戦後俳句の中で屈指の名句集だが、集中

凩や焦土の金庫吹き鳴らす

という句がある。空襲によって焦土と化した土地の一隅にいまや無用となった金庫が放置されている。誰も関心を示さない。凩がただ吹き過ぎていくばかりである。金庫は本来であれば人間の生の証しであるはずである。もうそうした生は失われた。焦土に吹きすさぶのは凩ばかりである。ここでも作者は見たものを見たままに示しているだけである。しかし、その眼差しは敗戦後の生の本質を見ぬいている。生のあわれ、物のあわれを作者は痛切に感じながら、ただ情景のみを示している。

『起伏』の中からもう一句あげたい。

朝の柿潮のごとく朱が満ち来

潮がみちるように柿の朱がみなぎっている。その朱を見ていると、自ら心が充実した感を覚える。ここでも、あるものをあるがままに呈示している。作者が柿の朱に感じた感動にどこまで共感するかは読者の自由である。

私は楸邨の業績に一つの小宇宙をみている。一つの軸として感情の振幅の大きさをみる。雄勁、剛毅から繊細、優雅、幽玄まで、また、その間の諧謔をふくむ、表現される感情の多様性である。もう一つの軸として、素材、主題、対象の広さをみる。自然の嘱目も卓上の果物も、人事の軋轢も、自己自身も、楸邨においては俳句の素材となる。さらに第三の軸として時間の豊かさをみる。鮟鱇の句にしても、雉子の眸の句にしても、捕えられ、吊されるに至る時間、解体されるまでの時間、やがてそれらが辿る時間が豊かに流れている。柿のばあいでも、朝、柿を見いだす時間、潮が差すように朱がみちてくる時間、それがたべられるに至る時間が予期されている。焦土の金庫に流れていた苛烈な時間はいうまでもない。そうした三つの軸から発想される心情を表現する天分に恵まれていることはいうまでもない。その表現に赴かせるのは楸邨の内心の衝迫である。私はほぼこれらから成り立つ楸邨の世界に一つの小宇宙をみている。

ここで第一句集に遡って順次、楸邨が展開し、成熟していった過程を辿ることとする。

行きゆきて深雪の利根の船に逢ふ

に青春期のやるせない抒情をみる。

炎天の十字路ぞふと人絶えたる
時雨れつつ林の奥は日がさしぬ
秋の風跫音うしろより来たる

これらの作には思いがけない事態に出会った驚きないし心のときめきがある。十字路には本来往来の絶え間がないはずだが、ふと気付くと誰も見当たらない。時雨に濡れながら林の奥へ進んでいくと、日の差す草地があった。誰か背後から来る人はないと信じていたのに、思いがけぬ跫音に心が動揺する。こうした意外さの発見によるときめきは誰もが体験することでありながら、このときめきに「詩」があることを常人は気付かない。
だが、『寒雷』の真骨頂は

棉の実を摘みゐてうたふこともなし
せんすべもなくてわらへり青田売

の如き農民の極度の貧困をうたった作にある。棉の実は木綿の材料である。棉の実を摘むのはよほど苛酷な労働だったのであろう。うたういとまさえないのである。また、米は本来収穫し脱穀し、米として売るべきものだが、水稲の成熟前に、その田の収穫量を見越して先売りしなければならない。それほどに生活は追いつめられている。ここまで追いつめられればもう自ら笑う他ない。楸邨はこうした農民の心情をわが心情として造型した。

かなしめば鵙金色の日を負ひ来
鰯雲人に告ぐべきことならず

右二句を『寒雷』の代表句としてあげるのも一般的であり、私にも異存はない。作者が何を悲しみ、何を告げたいのか、語られていない。だが、誰にしても他人に語りえない、悲しみがあり、告げることのできないものがある。言ってしまえば愚痴としか聞かれないかもしれない。「人に告ぐべきことならず」と言いきった覚悟に楸邨の生き方があった。楸邨は一九三一（昭和六）年水原秋桜子を知って師事することとなったが、当時、粕壁中学（現春日部高校）の教員であった。三十一歳になって志を立てて一九三七年文理科大学（現筑波大学）に入学。『寒雷』が刊行されたのは一九三九（昭和十四）年であった。

学問の黄昏さむく物を言はず

はこうした境遇における心境であろう。『寒雷』の題名が採られた

寒雷やびりりびりりと真夜の玻璃

にも同じく緊迫した心情が認められるし、さらに、

蟻殺すわれを三人の子に見られぬ

は一九四〇年刊の第二句集『颱風眼』の

蟻殺すしんかんと青き天の下
蟻地獄昨日の慍り今日も持ち
蟇誰かものいへ声かぎり

など一連の煩悶につらなっているだろう。第三句集『穂高』も同じ一九四〇年刊だが、

蟷螂の死に了るまで大没日

が収められ、一九四三年刊の『雪後の天』に

春寒き世に遠くゐて枉げざりき

いからねば一日はながし寒雀

が収められているが、自己の信条を枉げないことから、憤りと鬱屈とを抑制しかねていることを知る。ただ、『颱風眼』の時期に、楸邨は次のような句境に展開していた。

蚊帳出づる地獄の顔に秋の風

どう解釈するにしても、この句には率直で、かつ客観化された自己が認められるだろう。一九四一年、楸邨は隠岐に旅行した。芭蕉の言葉に学んで、「実ありて悲しびをそふる」ことを求めた旅から百五十余句が生まれた。

隠岐やいま木の芽をかこむ怒濤かな

右を楸邨生涯の秀句としてあげる識者も多い。風景を鳥瞰的にとらえながら、観察はこまやかであり、何よりも調べが雄勁である。

さえざえと雪後の天の怒濤かな
荒東風の濤は没日にかぶさり落つ
炎だつ木の芽相喚ぶごとくなり
水温むとも動くものなかるべし

「炎だつ」「水温む」は「後鳥羽院御火葬塚　三十三句」中の句である。これらの句において楸邨は風景を内的衝迫から見ている。そのダイナミズムと力強さが心をうつ。この内的衝迫に由来するダイナミズムは鮟鱇の句にも雉子の眸の句にもすでに認められるところであり、楸邨の生涯を貫く個性といってよい。

第五句集『火の記憶』は一九四八（昭和二十三）年に刊行された。楸邨は四十三歳であった。一九四三年から一九四五年に至る戦争下の作を収めている。「神風特別攻撃機隊」と前書した

葉雞頭のほむら燃ゆべし燃えにけり

の句には、楸邨の特攻隊で死んでいった若者たちへの哀悼とふかぶかした嘆息を聞く思いがある。楸邨の戦争に対する姿勢を窺うことができるであろう。この間、一九四四年七月から十月、中国に旅行しているが

天の川鷹は飼はれて眠りをり

を紀行文『沙漠の鶴』に認められるほどのことで、中国における戦争に協力するような句を一句といえども作っていない。戦争下

壕冷えて砂がしづかにこぼれつぐ
冷雨しきり囁きもなきときうつる
世に遠きことのごとしや鷦鷯《みそさざい》

冴えかへるもののひとつに夜の鼻

といった作があり、楸邨は現実を幻のように見ていたのではないかと思われるが、結局、一九四五年五月二十三日、空襲により楸邨居は焼失する。

火の奥に牡丹崩るるさまを見つ
雲の峯八方焦土とはなりぬ
明易き欅にしるす生死かな

といった絶唱を残すこととなった。
戦後の作を収めた第六句集『野哭』については「凩や」の句に関連して、すでにふれたが、以下、私にとって感銘ふかい作の若干を示す。

火の中に死なざりしかば野分満つ
羽蟻たつ非運は一人のみならず

大鷲の爪あげて貌かきむしる
かくかそけく羽蟻死にゆき人飢ゑき
死ねば野分生きてゐしかば争へり
冬鷗生に家なし死に墓なし
死や霜の六尺の土あれば足る

右の作中、大鷲は楸邨の自画像とみてよいのではないか。戦後、飢餓にさいなまれた人々の抑制できない欲望はあらわで正視にたえないものがあった。楸邨が死を身辺に感じたのも当然といってよい。
一九四九年、第七句集『起伏』が刊行された。楸邨は四十四歳であった。「鮟鱇」「朝の柿」にふれたが、目立つ作に次がある。

虹消えて馬鹿らしきまで冬の鼻
紙屑のごとくに死んで法師蟬
あきらめて鰤のごとくに横たはる

木の葉ふりやまずいそぐないそぐなよ
雪夜子は泣く父母よりはるかなものを呼び
ひぐれの枯野もう誰の来るあてもなし

この句集の「序に代へて」に

野の起伏ただ春寒き四十代

の句を収めている。「朝の柿」を除けば、悲哀、自戒、諦観、自嘲といった四十代に体験することの多い労苦の結果の句が多い。私自身は「鰤のごとく」の諦観に、また、「木の葉ふりやまず」の自戒につよく惹かれる。

一九五〇（昭和二十五）年、第八句集『山脈』が刊行された。楸邨四十五歳、苦難多い四十代半ば、まさに円熟期に入った。

雪降りつむ音なきものはつひにかなし

しづかなる力満ちゆき螇蚸とぶ
冬嶺に縋りあきらめざる径曲り曲る
落葉松はいつめざめても雪降りをり
玉虫はおのが光の中に死にき

「冬嶺」の句は諦観をのりこえた境地を示し、「落葉松」の句は繊細、静謐な抒情を造型している。同時に、この句集には

税吏汗し教師金なし笑ひあふ
わが垂るるふぐりに枯野重畳す

の如き作も収めている。人間くささといってもよい。人間性といってもよい。ここには確実に人間が実存する。

楸邨が第九句集『まぼろしの鹿』を刊行したのは一九六七（昭和四十二）年、楸邨六十二歳、前句集刊行から十七年の後であった。これはまさに成熟期にふさわしい句集であった。

落葉地にとどくや時間ゆるみけり
滅びゆくもの生れゆくものいま蜩
累々たらず煌々たらず柚子ひとつ

「時間ゆるみけり」という比喩は非凡だが、おそらく自然の凝視による写生にちがいない。
一九五五（昭和三十）年元旦の作と思われる

怒り初めならむと膝を撫でてをり

の句がある。楸邨はその内部衝迫がもたらす憤怒をいつもこらえていたのであろう。そう思っても可笑しさがこみあげてくる。

遠き時間一顆の柿と我とに過ぐ
雲に鳥わが生いまだ静かならず

月さしてゐてわが手足なりしかな
柚子匂ふすぐそこの死に目ひらけば
雑巾となるまではわが古浴衣
まぼろしの鹿はしぐるるばかりかな

主題の自在な選択、のびやかな調べ、心情の多様性など非凡という他ない。一九七六（昭和五十一）年刊の第十句集『吹越』は楸邨の到達した句境とみてよいのではないか。

白魚の目が見しものを思ひをり
葱の香のまつすぐにきて立ちにけり
おぼろ夜のかたまりとしてものおもふ

の如き嘱目の佳句から

顔の火を消さねば時雨また時雨
あきかぜやわが胸中のさるをがせ
人間をやめるとすれば冬の鵙
わが魔羅の日暮の色も菜種梅雨

などの自己観照の句に至るまで、楸邨の人格、人間性がさらに成熟したことを感じさせる。第十一句集『怒濤』は一九八六年刊、楸邨八十一歳であった。晩年の作というべきだが内的衝迫の衰えはみられない。

蟻地獄眼下寂寥と殺戮と
寒鰤の無念の目口見とれをり
牡蠣の身の晦さを舌が感じをり
だんだんにひと黙りがち虎落笛
牡丹の奥に怒濤怒濤の奥に牡丹
渋柿の口に今ある阿修羅かな

若竹や奥へ入りゆく蝶一つ
青鷺や闇のどこかが濡れてをり
柿一つ机に置ける無月かな
冬木立入りて出でくるもののなし

どの句にも説明はない。主題、対象は自在である。繊細な感情から雄勁な感情まで、あらゆる感情の吐露がある。どの句にも豊かな時間がながれている。そして、すべての句が加藤楸邨という人間の存在を感じさせる。

『雪起し』は一九八七年に刊行された書句集である。この冒頭の句

百代の過客しんがりに猫の子も

の書が、楸邨の葬儀にさいし掲げられていたことを思いだす。百代の過客のしんがりに歩む猫の子に楸邨が自己をなぞらえていたことは疑いない。その謙虚さに私は心をうたれる。

それにしても比喩の卓抜さは驚異という他ない。

『雪起し』は楸邨が好んだ墨書の興趣の所産だが、「百代の過客」以外にも佳句が多い。楸邨は以後句集を編まなかったので生前最後の句集である。

掃初の掃き残されぬわれひとり
蟇といふ名は生涯蟇で十三夜
雪起ししんのいかりは一度かぎり

没後、大岡信の選による遺句集『望岳』から若干引用する。

蟇あるく一団の闇揺れうごき
はなれゆくほどくちなしの香となりぬ
風鈴とたそがれてゐしひとりかな
過去といふもの雪夜となればふくらみ来
目ひらけば母胎はみどり雪解谿

「目ひらけば」には「母、我を孕りし時、山梨県猿橋を越えしといふ」という前書がある。前書がなくても鑑賞できるが、あわせ読めば、母恋いの情切々たる佳作であることが理解できるだろう。

ところで、楸邨には知世子夫人をうたった作が多い。夫人こそ自らを持すること固く、内心の衝迫につき動かされていた楸邨を支えた、かけがえない女性であった。楸邨はそのことをよく知っていたので、次のような作を残した。

夜半過ぎし秋風妻も聴くごとし（『穂高』）
妻の名を十日呼ばねば浴衣さむし（『雪後の天』）
わが月日妻にはさむし虎落笛（『野哭』）
死にたしと言ひたりし手が葱刻む（同前）
暗中に聴きえし寝息あたたかし（『山脈』）
柿をむくのが旅の夫婦にのこる時間（『まぼろしの鹿』）
主婦の憩ひは蚊帳の青翳《さ》す指みつつ（同前）
葱きざむこの音とわが四十年（同前）

繭に似て妻にいま詩がくるところ（『吹越』）
若し鳴かば妻帰るべしみそさざい（同前）
蜜柑吸ふ目の恍惚をともにせり（同前）
姫はじめ餓鬼の炎を負ひつづけ（同前）
妻が負ふ淋しき顔の風邪の神（同前）
大根刻む音のふと止む何思ふ（『怒濤』）
笹鳴を聴きゐるらしき妻の黙（同前）

以下は知世子夫人が一九八六年一月他界した後の悼句である。

朧にて昨日の前を歩きをり（『怒濤』）
朧夜の書きても書きても残るもの（同前）
ひとりごと春愁頬杖より湧くも（同前）

「頬杖」は知世子夫人の句集の題である。

父として残されにけり柚子の下　（同前）
冬の蝶とはのさざなみ渡りをり　（同前）
友となり妻となり亡くて牡丹となり　（『望岳』）
寒雷や在りし日のこゑうしろから　（同前）

「冬の蝶」の句は悼句として読む必要はないが、私は冬の蝶に知世子夫人を仮託した、美しく、哀しく、切ない句と解している。

一応加藤楸邨の句作を概観したが、紙幅の関係で言い足りないことが多い。それでも、楸邨理解の手がかりになれば幸いである。

太宰治について

太宰治の作品を私がどう考えているか、を書きとめておきたい。ともかく、文章が上手である。たとえば、有名な「走れメロス」という小説の冒頭、「メロスは激怒した。必ず、かの邪智暴虐の王を除かねばならぬと決意した。メロスには政治がわからぬ」といういっさいの無駄を省いた、歯切れのよい文章に私は感嘆する。また、想像力がじつに豊かである。たとえば、「お伽草紙」という作品で「瘤取り」「浦島さん」「カチカチ山」「舌切雀」という誰もが知る童話を四篇、小説に仕立てているけれども、誰もが知るストーリーの肉付けの豊かさに私は驚嘆する。それに、ストーリーテラーとして卓越した才能をもっていたことは「走れメロス」一篇からも充分に窺うことができる。

にもかかわらず、私は太宰治について論じるだけの明確な太宰治像をもっていない。太宰は私には非常に難解な作家である。まず、評判の作品についていえば、私には『斜陽』という作品はどこがよいのか、分からない。『人間失格』は太宰治のそれまでの生涯の決算書とも言うべき作品であって、読みとおすのが辛いほどの名作だとは思うけれども、好きな作品ではない。「駈込み訴え」は、太宰治ならではの傑作にちがいないが、あまりに切なく悲しいので、私は好きにはなれない。「ヴィヨンの妻」は嫌いであり、じつは「走れメロス」も嫌いな作品である。好きな作品はどれかといえば、まず『津軽』をあげたい。

私が「走れメロス」が嫌いなのは、この作品が絵空事としか思えないからである。メロスは暴君を殺すつもりで王宮に出かけ、すぐ捕えられる。メロスを処刑しようとする王に妹の結婚式のために三日間の猶予を懇願する。いかにメロスが単純でも、王を殺す計画なら妹の結婚式の後に王宮に出かけたらよかったのではないか。王からメロスは三日の猶予の代償として身代わりを出せと言われて、親友のセリヌンティウスを王宮に呼び寄せ、事情を話して、もし三日の間に帰らないときは自分の身代わりに処刑されてもらいたい、自分は必ず三日の間には帰るから、と言って親友に納得してもらう。いかに親友であっても、こんな命を賭けるようなことについて友情にたよることは許されない、と私は考える。もしセリヌンティウスが断れば、友情は破綻するし、彼が承諾することは彼を生命の危険にさらすことである。誰にも他人を生命の危険にさらすことを強いることはできない、と私は考える。いろいろ苦難の末、三日目の日没ぎりぎりにメロスは王宮に戻ることができたけれども、途中で、もう三日目の日没までに帰ることを諦めかけてセリヌンティウスに死んでもらおうと思う。それでも、思い直して、かろうじて日没前に戻ることができた。そこでメロスはセリヌンティウスに「私を殴れ。ちから一ぱいに頬を殴れ。私は、途中で一度、悪い夢を見た」と言って殴ってくれと頼むと、セリヌンティウスも「メロス、私を殴れ。同じくらい音高く私の頬を殴れ。私はこの三日の間、たった一度だけ、ちらと君を疑った」と答える。二人は互いに殴り合い、それから、「ひしと抱き合い、それから嬉し泣きにおいおい声を放って泣いた」、それを見た王も「信実とは、決して空虚な妄想ではなかった。どうか、わしをも仲間に入れてくれまいか」と頼んで、ハッピーエンドを迎えるわけである。これはシラーの原作にもとづく作品であり、シラーはまた、ギリシャの民話にもとづいて書いたといわれるが、二人がお互いに殴り合わずにはすまない感情をもち、殴り合った、という箇所は太宰の創作だといわれている。それはともかくとして、こんな友情は夢想にすぎない、絵空事にすぎない、と私は考えている。

「ヴィヨンの妻」については、一応、あらすじはこんなものである。ヴィヨンに擬せられている大谷という詩人はじつにいい気なもので、長いお馴染みの小料理屋さんのつけをふみたおし、あげくは五千円盗んで家に帰ってきたところ、小料理屋の夫婦が乗りこんできて、妻ははじめてその長い期間のいきさつを小料理屋の夫婦から聞かされることが第一章である。第二章に入ると、思案のはてに妻がその小料理屋に行き、確実に払うまで、ここで自分が人質になるから、働かせてくださいと頼みこんで働くことになり、妻はその店でいそいそ働くことになる。その店に亭主の大谷も時々愛人を連れて顔を出し、最後は大谷が妻に「去年の暮にね、ここから五千円持って出たのは、さっちゃんと坊やに、あのお金で久し振りのいいお正月をさせたかったからです。人非人でないから、あんな事も仕出かすのです」と言うと、妻が「人非人でもいいじゃないの。私たちは、生きていさえすればいいのよ」と答えて終る。不思議な現実感、リアリティをもって私たちを魅了する作品だが、これも絵空事だとしか思われない。

＊

これらの作品を私は評価しない反面、『津軽』を評価する。『津軽』のもつ問題をここで考えてみたい。『津軽』が太宰治の代表作の一であることは疑いあるまい。三十代の後半に入った太宰治が、「序編」に続き、「正岡子規三十六、尾崎紅葉三十七、斎藤緑雨三十八、国木田独歩三十八、長塚節三十七、芥川龍之介三十六、嘉村礒多三十七」と数えあげて、「あいつらの死んだとしさ。ばたばた死んでいる。おれもそろそろ、そのとしだ」と言って、「いちど自分の生れた地方の隅々まで見て置きたくて、或る年の春、乞食のような姿で東京を出発した」と「本編」ははじまる。一九四四（昭和十九）年のことである。青森駅にはT君という人が迎えに来ている。彼は昔、「私の家にいた事がある。おもに鶏舎の世話をしていた」と書かれている。太宰治の出発期の代表作とされている「思い出」に「私は鶏舎の番小屋を訪れ、そこの番人である小説の好きな青年」とあるが、その「青年」がT君である。『津軽』の中でT君は「私は金木のあなたの家に仕えた者です。そうして、あなたは御主人です。そう思っていただかないと、私は、うれしくないんです。へんなものですね。あれから二十年も経っていますけれども、いまでもしょっちゅう金木のあなたの家の夢を見るんです」と語る。青森から蟹田へ行く。蟹田には「私の中学時代の唯一の友人のN君がいる」ので、前もってご厄介になりたいという手紙を出している。中学時代「私たちは毎朝、誘い合って一緒に登校した。そうして、帰りには裏路の、海岸伝いにぶらぶら歩いて、雨が降っても、あわてて走ったりなどはせず、全身濡れ鼠になっても平気で、ゆっくり歩いた。いま思えば二人とも、頗る鷹揚に、抜けたようなところのある子であった。そこが二人の友情の鍵かも知れなかった」。「私はN君よりも二、三年おくれて東京へ出て、大学に籍を置いたが、その時からまた二人の交遊は復活した。N君の当時の下宿は池袋で、私の下宿は高田馬場であったが、しかし、私たちはほとんど毎日のように逢って遊んだ。こんどの遊びは、テニスやランニングではなかった。N君は、雑誌社をよして、保険会社に勤めたが、何せ鷹揚な性質なので、私と同様、いつも人にだまされてばかりいたようである。けれども私は、人にだまされる度毎に少しずつ暗い卑屈な男になって行ったが、N君はそれと反対に、いくらだまされても、いよいよのんきに、明るい性格の男になって行くのである」と紹介されている。そのうちにN君は田舎の家の精米業を継ぎ、ふしぎな人徳で蟹田の町会議員に選ばれたり、青年団の分団長になったりして、蟹田の町になくてはならぬ人になっているという。『津軽』では「私はその夜、文学の事は一言も語らなかった。東京の言葉さえ使わなかった。かえって気障なくらいに努力して、純粋の津軽弁で話をした。そうして日常瑣事の世俗の雑談ばかりした。そんなにまでして勤めなくともいいのにと、酒席の誰かひとりが感じたに違いないと思われるほど、私は津軽の津島のオズカスとして人に対した。(津島修治というのは、私の生れた時からの戸籍名であって、また、オズカスというのは叔父糟という漢字でもあてはめたらいいのであろうか、三男坊や四男坊をいやしめて言う時に、この地方ではその言葉を使うのである。）こんどの旅に依って、私をもういちど、その津島のオズカスに還元させようという企画も、私に無いわけではなかったのである。都会人としての私に不安を感じて、津軽人としての私をつかもうとする念願である。言いかたを変えれば、津軽人とは、どんなものであったか、それを見極めたくて旅に出たのだ。私の生きかたの手本とすべき純粋の津軽人を捜し当てたくて津軽へ来たのだ。そうして私は、実に容易に、随所に於いてそれを発見した」と書かれている。いわば、太宰治にとって、この津軽行は彼のルーツ捜し、自分とは何者であるのか、を捜す旅であった。

こうして太宰は竜飛岬まで行き、ひきかえして金木の生家を訪ねて滞在し、長兄その他の身内の人々に会い、木造という町に父親の生家を訪ねて、当主のMさんに会ってここでも歓待される。最後に小泊という町でたけというかつての女中さんと再会する情景が『津軽』のもっとも感動的な箇所として知られている。たけは「思い出」にはこう書かれている女性である。

「六つ七つになると思い出もはっきりしている。私がたけという女中から本を読むことを教えられ二人で様々の本を読み合った。たけは私の教育に夢中であった。私は病身だったので、寝ながらたくさん本を読んだ。読む本がなくなればたけは村の日曜学校などから子供の本をどしどし借りて来て私に読ませた。私は黙読することを覚えていたので、いくら本を読んでも疲れないのだ。たけは又、私に道徳を教えた。お寺へ屢々連れて行って、地獄極楽の御絵掛地《おえかけじ》を見せて説明した。（中略）嘘を吐けば地獄へ行ってこのように鬼のために舌を抜かれるのだ、と聞かされたときには恐ろしくて泣き出した」。

さて、『津軽』に戻って、太宰とたけとの再会の叙述を読むことにする。苦労のあげく、ようやくたけの家を探しあてると運動会で家中が留守、当時は国民学校といった小学校へ行って、たけを探すが容易に見つけられない。仕方なく、たけの家に戻ると、たまたま腹痛で薬をとりに帰った少女と出会い、その少女と一緒に運動会に行く。少女は「学校の裏へまわり、運動場のまんなかを横切って、それから少女は小走りになり、一つの掛小屋へはいり、すぐそれと入違いに、たけが出て来た。たけは、うつろな眼をして私を見た。

「修治だ。」私は笑って帽子をとった。

「あらあ。」それだけだった。笑いもしない。まじめな表情である。でも、すぐにその硬直の姿勢を崩して、さりげないような、へんにあきらめたような弱い口調で、「さ、はいって運動会を。」と言って、たけの小屋に連れて行き、「ここさお坐りになりせえ。」とたけの傍に坐らせ、たけはそれきり何も言わず、きちんと正座してそのモンペの丸い膝にちゃんと両手を置き、子供たちの走るのを熱心に見ている。けれども、私には何の不満もない。まるで、もう、安心してしまっている。足を投げ出して、ぼんやり運動会を見て、胸中に一つも思う事が無かった。もう、何がどうなってもいいんだ、というような全く無憂無風の情態である。平和とは、こんな気持の事を言うのであろうか。もし、そうなら、私はこの時、生れてはじめて心の平和を体験したと言ってもよい」と記し、「私の生みの母は、気品高くおだやかな立派な母であったが、このような不思議な安堵感を私に与えてはくれなかった」とも書いている。やがて太宰は自分の幼いころのたけを回想する。「しばらく経ってたけは、まっすぐ運動会を見ながら、肩に波を打たせて深い長い溜息をもらした。たけも平気ではないのだな、と私にはその時はじめてわかった」と書いた後、「何か、たべないか」「要らない」「餅があるよ」「いいんだ。食いたくないんだ」「餅のほうでないんだものな」といった問答の後、たけが立ち上る。竜神様の桜を見に行くか、と誘われ、太宰はたけの後について掛小屋の後ろの砂山に登る。この次がいわばこの再会の最高潮になる。

「砂山には、スミレが咲いていた。背の低い藤の蔓も、這い拡がっている。たけは黙ってのぼって行く。私は何も言わず、ぶらぶら歩いてついて行った。砂山を登り切って、だらだら降りると竜神様の森があって、その森の小路のところどころに八重桜が咲いている。たけは、突然、ぐいと片手をのばして八重桜の小枝を折り取って、歩きながらその枝の花をむしって地べたに投げ捨て、それから立ちどまって、勢いよく私のほうに向き直り、にわかに、堰をきったみたいに能弁になった。

「久し振りだなあ。はじめは、わからなかった。金木の津島と、うちの子供は言ったが、まさかと思った。まさか、来てくれるとは思わなかった。小屋から出てお前の顔を見ても、わからなかった。修治だ、と言われて、あれ、と思ったら、それから、口がきけなくなった。運動会も何も見えなくなった。三十年ちかく、たけはお前に逢いたくて、逢えるかな、逢えないかな、とそればかり考えて暮していたのを、こんなにちゃんと大人になって、たけを見たくて、はるばると小泊までたずねて来てくれたかと思うと、ありがたいのだか、うれしいのだか、かなしいのだか、そんな事は、どうでもいいじゃ、まあ、よく来たなあ、お前の家に奉公に行った時には、お前は、ぱたぱた歩いてはころび、ぱたぱた歩いてはころび、まだよく歩けなくて、ごはんの時には茶碗を持ってあちこち歩きまわって、庫《くら》の石段の下でごはんを食べるのが一ばん好きで、たけに昔噺《むかしこ》語らせて、たけの顔をとっくと見ながら一匙ずつ養わせて、手かずもかかったが、愛《め》ごくてのう、それがこんなにおとなになって、みな夢のようだ。金木へも、たまに行ったが、金木のまちを歩きながら、もしやお前がその辺に遊んでいないかと、お前と同じ年頃の男の子供をひとりひとり見て歩いたものだ。よく来たなあ。」と一語、一語、言うたびごとに、手にしている桜の小枝の花を夢中で、むしり取っては捨て、むしり取っては捨てている」。

この後、たけは、太宰に、子供は、男か、女か、いくつか、と次々に矢継早に質問する。

質問された太宰の感慨がこう述べられている。

「私はたけの、そのように強くて不遠慮な愛情のあらわし方に接して、ああ、私は、たけに似ているのだと思った。きょうだい中で、私ひとり、粗野で、がらっぱちのところがあるのは、この悲しい育ての親の影響だったという事に気附いた。私は、この時はじめて、私の育ちの本質をはっきり知らされた。私は断じて、上品な育ちの男ではない。どうりで、金持ちの子供らしくないところがあった。見よ、私の忘れ得ぬ人は、青森に於けるT君であり、五所川原に於ける中畑さんであり、金木に於けるアヤであり、そうして小泊に於けるたけである。アヤは現在も私の家に仕えているが、他の人たちも、そのむかし一度は、私の家にいた事がある人だ。私は、これらの人と友である」。

五所川原の中畑さんは「帰去来」「故郷」などにも登場する人物であり、『津軽』では「私の二十代に於けるかずかずの不仕鱈《ふしだら》の後仕末を、少しもいやな顔をせず引受けてくれた恩人である」と書かれている。「帰去来」には「中畑さんは、私の死んだ父に、愛されていたようだ。私の町から三里ほど離れた五所川原という町の古い呉服屋の、番頭さんであったのだが、しじゅう私の家へやって来ては、何かと家の用事までしてくれていたようである」とあり、また、「私の父が世話して、私の家と遠縁の佳いお嬢さんをもらってあげた。中畑さんは、間もなく独立して呉服商を営み、成功して、いまでは五所川原町の名士である」と書かれている。この旅行の途中でも五所川原に立ち寄って世話になっている。アヤは金木の生家に雇われている「じいや」である。

ところで、相馬正一『評伝太宰治』に次の記述がある。

「現実の太宰はタケの娘せつ子に案内されて掛小屋に入るとき、同村の春洞寺住職坂本芳英を同伴していた。太宰の弟礼治と青森中学校で同級だった住職は、太宰とも旧知の間柄であった。子供の応援にやってきた住職は、せつ子に伴われて運動会場に入ってきた見馴れぬ服装の太宰を目ざとく捉え、久闊を叙してそのまま同道したのである。住職は太宰とタケとの古い繋がりを知らなかったので、掛小屋の中で持参の配給酒を振るまいながら、運動会やタケをそっちのけにして二人だけで思い出話に花を咲かせていたという。したがって、作中の主人公が〈たけ〉にもたれかかって「無憂無風の……心の平和を体験」している心情も、またこのあとに続く、「私も、いつまでも黙つてゐたら、しばらく経つてたけは、まつすぐ運動会を見ながら、肩に波を打たせて深い長い溜息をもらした。たけも平気ではないのだな、と私にはその時はじめてわかつた」という場面も、太宰の見事な創作である。一方、タケの側からすれば、ほとんど記憶から遠のいてしまっていたヤマゲンの修ちゃ（太宰の幼少時の呼称）が、何のためにここまで訪ねてきたのか見当がつかず、さいわい春洞寺の和尚さんが相手をしてくれているので一応ホッとして、自分の子供の出場する運動会の方に心を奪われていたという。したがって、作中の〈たけ〉の心境は、作者の願望する心理の照映にほかならない」。

さらに、『評伝太宰治』には次のとおり書かれている。

「現実の太宰は竜神様の場面で一言もタケと言葉を交わしていないのである。太宰が酒を飲みながら住職と話に夢中になっていたとき、タケは近所の主婦から竜神様の参詣に誘われる。竜神様は漁師の守護神であるが、村から離れているために普段はなかなかお詣りできないので、こんな機会をよく利用するのだという。そこで、タケは太宰に「ちょっと裏山の竜神様まで参詣に行ってくる」と耳打ちしたら、太宰も一緒に行くと言って外に出た。春洞寺の住職とはここで別れる。同行者は十人ぐらいで、いずれもタケの近所の主婦や老婆である。タケは一行と語らいながら時々うしろを振り返ると、太宰は独りだけ少し離れて周りの景色を見ながらついてきたという。竜神様の狭い境内でも、皆が参詣を済ますまで太宰は途中の桜並木のところで桜の花をむしりながら待っていたのである。したがって、作中の〈たけ〉が主人公に向かって、「一語、一語、言ふたびごとに、手にしてゐる桜の小枝の花を夢中で、むしり取つては捨て、むしり取つては捨て……」という感情の昂ぶりを示す場面も、このときの太宰の仕種を巧みにタケにスライドしたものである。参詣のあと、タケはまた一行の中に加わり、太宰も同様に少し離れてあとからついてきたので、二人きりで話す機会は一度もなかったという」。

事実の真相はいつもかなりに興ざめだが、それにしても、太宰の筆力、想像力には驚嘆せざるをえない。ただ、丁寧に相馬正一の文章を読むと、たけは太宰と話したくても、話すことができなかったのではないか、という状況だったと思われる。「住職は太宰とタケとの古い繋がりを知らなかったので、掛小屋の中で持参の配給酒を振るまいながら、運動会やタケをそっちのけにして二人だけで思い出話に花を咲かせていたという」と相馬は書いている。「住職は太宰とタケとの古い繋がり」を知っていたら、思い出話に花を咲かせることも遠慮して、たけと太宰に会話する機会をもつことを邪魔しなかったのではないか、と考えてもふしぎはない。この「住職は太宰とタケとの古い繋がりを知らなかったので」ということはたけの言葉として相馬正一に伝えられたにちがいない。ところが、たけも太宰も、二十数年ぶりで会ったからといって、懐しいという以上に、何も話すことはなかったはずである。久しぶりだね、とか、元気そうだね、とか、当たり障りのない話題しかなかったであろう。そうとすれば、住職と思い出話に耽っていても、じつは太宰の心は、たけのかたわらにいて、「無憂無風の……心の平和を体験」していたのかもしれない。竜神様へもたけが好んで行ったわけではない。たけは近所の主婦から竜神様の参詣に誘われたので、たけとしても近所づきあいのために断ることはできない。そこで、たけは太宰に「ちょっと裏山の竜神様まで参詣に行ってくる」と耳打ちしたのであり、このように耳打ちしたことは、竜神様から帰ってからゆっくり話をするつもりだったと解釈できるであろう。別れがたない太宰は当然一緒について行く。太宰は一時三十分発のバスで帰ることに決めていたけれども、小学校へ行ったときにすでに三十分ほどしか時間がなかったので、結局、その夜、たけの家に泊ることとなった。泊った以上は、太宰はたけとゆっくり話をする時間もあったわけだから、場所は違っても、太宰はその夜、たけから『津軽』に書かれたような感動的な述懐を聞いたのかもしれない。たけの述懐は、あながち、相馬の言うように、太宰がたけの口から聞きたいと願望していた言葉だとは言いきれないと私は考える。

『津軽』はたけをはじめとする津軽の人々との人間愛の物語である。ここに虚構がふくまれているとしても、これらの人々との人情のふれあいの物語である。しかも、それらの人々の中心をなすのは、青森におけるT君であり、五所川原における中畑さんであり、金木におけるアヤであり、小泊におけるたけであった。これらの人々は津島家とは主従関係にある人々である。ここでたけとの会話の後に、太宰は「見よ、私の忘れ得ぬ人」として、その人々の名をあげているが、その中に青森中学のときの親友であり、蟹田で世話になったN君をあげていないのは、やはり意識的な省略にちがいない。思うに、主人筋にあたる太宰をもてなしてくれる、津島家に恩義のある人々の愛情に包まれて、はじめて自分の出自を確認することが『津軽』という作品の眼目であったと思われる。それほどに津島家という出自は太宰にとって彼の心、魂のよりどころであった。

つまり、『津軽』において太宰は「人間の愛情」を、「人間愛」を発見したのであった。いいかえれば、太宰は社会的な存在としていつも疎外感を抱いていた。疎外感とは、他人が自分に注いでくれる愛情への飢えといいかえてもよい。これは津島家の恩義の圏外にある人々、一般の社会の人々に対する愛情に飢えていた、と言ってもよい。そうとすれば、これは甘えと同義に近い。それが、「ヴィヨンの妻」の酒に溺れている夫の妻に対する甘えであり、「走れメロス」の友人、セリヌンティウスに対する甘えである、と考える。つまり、これらの作品の根柢にあるのはすべて、同じ太宰の他人が自分に注いでくれる愛情に対する飢えであり、渇望であり、見方によれば、甘えであろうと私は考える。

*

そこで、太宰治は、どうしてこのような他人が自分に注いでくれる愛情に対する飢え、渇望、見方によれば、甘えをもったのか、が問題である。

ここで太宰治の出自にふれておきたい。安藤宏『太宰治　弱さを演じるということ』から引用する。太宰治、本名津島修治の「津島」家が「大きく変貌するのは、婿養子として津島家へ迎え入れられた実父源右衛門が、明治三十三年に家督を譲り受けてからである。源右衛門は早くに合資会社金木銀行の頭取となり、近代金融資本への体制変革を背景に資産を急速に膨張させていく。曾祖父惣助と異なっていたのは源右衛門が積極的な政界進出を志していた点で、明治三十四年に県会議員、四十五年に衆議院議員（立憲政友会）、大正五年に勲四等瑞宝章を受け、大正十一年には貴族院議員に選出（県内多額納税者の互選）されている。

新興商人地主から津軽の「貴族」へ。源右衛門が一代で駆け上がろうとした上昇指向をそのまま象徴しているのが、「斜陽館」の名で親しまれている生家（現金木町太宰治記念館）である。約六百坪の敷地に総檜葉《ひば》造りの百五十坪に及ぶ大豪邸には高い煉瓦塀が四周に張りめぐらされ、赤い大屋根は当時十キロ四方から望むことができたという。これを中心に銀行、警察署、役場があたかも城下町のように配置され、その家長は「金木の殿様」として畏怖されていた。棟上げ式は明治四十年であり、太宰は、実はこの新居で生まれた最初の子でもあったのである」。

相馬正一『評伝太宰治』によると、当時の津島家には曾祖母、祖母、父母、三人の兄と四人の姉、そのうち長姉は夫と共に生活していたので、家族が十二人、叔母とその子が四人、これで十七人であるが、使用人が「帳場（執事）一人、行儀見習三人、乳母一人、女中三人、炊事婦二人、子守二人、下男（アヤとアニ）二人、借子《かりこ》二人、畑仕事の手伝い女三、四人がいたという。また、所有していた田畑が二百町歩といわれている。いずれにしても、青森県で四位といわれる、並外れた富豪であったことは間違いない。

太宰治自身は「苦悩の年鑑」という文章の中で、次のように書いている。

「私の生れた家には、誇るべき系図も何も無い。どこからか流れて来て、この津軽の北端に土着した百姓が、私たちの祖先なのに違いない。

私は、無智の、食うや食わずの貧農の子孫である。私の家が多少でも青森県下に、名を知られはじめたのは、曾祖父惣助の時代からであった。その頃、れいの多額納税の貴族院議員有資格者は、一県に四五人くらいのものであったらしい。曾祖父は、そのひとりであった」。

「私の家系には、ひとりの思想家もいない。ひとりの学者もいない。ひとりの芸術家もいない。役人、将軍さえいない。実に凡俗の、ただの田舎の大地主というだけのものであった。父は代議士にいちど、それから貴族院にも出たが、べつだん中央の政界に於いて活躍したという話も聞かない」。

「書画骨董で、重要美術級のものは、一つも無かった」。

「しかし、その家系には、複雑な暗いところは一つも無かった。財産争いなどという事は無かった。要するに誰も、醜態を演じなかった。津軽地方で最も上品な家の一つに数えられていたようである。この家系で、人からうしろ指を差されるような愚行を演じたのは私ひとりであった」。

一方では、青森県で知らぬ人のないほどの富豪、「貴族」でありながら、他方では、僅か二、三代で成り上がった農民の出自であるということが、太宰治の性格に深くかかわっていると思われる。

この問題に関連して、三島由紀夫が「小説家の休暇」という文章の中で太宰治を批評している文章を紹介する。三島はこう言っている。

「私が太宰治の文学に対して抱いている嫌悪は、一種猛烈なものだ。第一私はこの人の顔がきらいだ。第二にこの人の田舎者のハイカラ趣味がきらいだ。第三にこの人が、自分に適しない役を演じたのがきらいだ。女と心中したりする作家は、もう少し厳粛な風貌をしていなければならない」。

誰もこのようなエキセントリックな批評には辟易するだろうが、第一の「顔がきらいだ」はともかく、第二の「田舎者のハイカラ趣味がきらいだ」というのは三島が太宰をまったく理解していなかったことを示している。太宰が『文藝春秋』一九四一（昭和十六）年二月号に発表した「服装に就いて」という文章がある。

「ほんの一時ひそかに凝った事がある。服装に凝ったのである。弘前高等学校一年生の時である。縞の着物に角帯をしめて歩いたものである。そして義太夫を習いに、女師匠のもとへ通ったのである。けれどもそれは、ほんの一年間だけの狂態であった。私は、そんな服装を、憤怒を以てかなぐり捨てた。別段、高邁な動機からでもなかった。私が、その一年生の冬季休暇に、東京へ遊びに来て、一夜、その粋人の服装でもって、おでんやの縄のれんをぱっとはじいた。こう姉さん、熱いところを一本おくれでないか。熱いところを、といかにも鼻持ちならぬ謂わば粋人の口調を、真似たつもりで澄ましていた。やがてその、熱いところを我慢して飲み、かねて習い覚えて置いた伝法の語彙を、廻らぬ舌に鞭打って余すところなく展開し、何を言っていやがるんでえ、と言い終った時に、おでんやの姉さんが明るい笑顔で、兄さん東北でしょう、と無心に言った。お世辞のつもりで言ってくれたのかも知れないが、私は実に興覚めたのである。私も、根からの馬鹿では無い。その夜かぎり、粋人の服装を、憤怒を以て放擲したのである」。

つまり、太宰は、三島のいう「田舎者のハイカラ趣味」はとうに体験して恥ずかしい思いをし、そういう恥ずかしい体験から彼は出発し、彼の文学が生まれたのである。しかも、太宰に「貴族」意識があったことは疑いない。一九三九（昭和十四）年刊行の『愛と美について』に収められた「花燭」という作品がある。この作品に「男爵」という綽名の男性が登場するが、この人物はかなりに太宰治の自画像に近いと思われる。この作品にはこんな描写がある。

「男爵というのは、謂わば綽名《あだな》である。北国の地主のせがれに過ぎない。この男は、その学生時代、二、三の目立った事業を為した。恋愛と、酒と、それから或る種の政治運動。牢屋にいれられたこともあった。自殺を三度も企て、そうして三度とも失敗している。多人数の大家族の間に育った子供にありがちな、自分ひとりを余計者と思い込み、もっぱら自分を軽んじて、甲斐ない命の捨てどころを大あわてにあわてて捜しまわっているという ような傾向が、この男爵と呼ばれている男の身の上にも、見受けられるのである。なんでもいい、一刻も早く、人柱にしてもらって、この世からおさらばさせていただき、そうして、できれば、そのことに依って二、三の人のためになりたかった。自分の心の醜さと、肉体の貧しさと、それから、地主の家に生れて労せずして様々の権利を取得していることへの気おくれが、それらに就いての過度の顧慮が、この男の自我を、散々に殴打し、足蹴《あしげ》にした。それは全く、奇妙に歪曲した。このあいそのつきた自分の泡のいのちを、お役に立ちますものなら、どうかどうか使って下さい。卑劣と似ていた。けれどもそれが、この男に残された唯一の、せめてもの、行為のスローガンになっていたのである。男は、それに依って行為した。男の行為は、その行為の外貌は、けれども多少はなやかであった。われは弱き者の仲間。われは貧しき者の友。やけくその行為は、しばしば殉教者のそれと酷似する。短い期間ではあったが、男は殉教者のそれとかわらぬ辛苦を嘗めた。風にさからい、浪に打たれ、雨を冒した。この艱難だけは、信頼できる。けれども、もともと絶望の行為である。おれは滅亡の民であるという思念一つが動かなかった。早く死にたい願望一つである。おのれひとりの死場所をうろうろ捜し求めて、狂奔していただけの話である。人のためになるどころか、自分自身をさえ持てあました。まんまと失敗したのである。そんなにうまく人柱なぞという光栄の名の下に死ねなかった。謂わば、人生の峻厳は、男ひとりの気ままな狂言を許さなかったのである。虫がよいというものだ。所詮、人は花火になれるものではないのである」。

男爵というのは綽名であって、本当は男爵ではない。いわば贋貴族である。ただ、貴族めいて見えるから、そういう綽名でよばれるのであり、貴族としてのプライドをもってふるまうから、そういう綽名もつくわけである。じっさい、故郷へ帰れば、知らぬ人ない名家の息子だから、貴族意識をもってもふしぎはない。しかも、本当の意味での貴族ではない。太宰はそういう二重の「貴族」意識をもっていた。この作品の男爵は「われは弱き者の仲間。われは貧しき者の友」として、「地主の家に生れて労せずして様々の権利を取得していることへの気おくれ」から、大学時代、弾圧されていた共産党の非合法活動のシンパとして資金を援助し、ある時期には、多少、積極的な活動もしたようである。そのために、治安警察から目をつけられ、そのために住居を転々としたことが「東京八景」に書かれている。それ故「花燭」における男爵の過去も太宰の経験をふまえていることは間違いない。じっさいは、長兄と同道して、青森警察署に出頭して、転向を約束して、起訴を免れたことも間違いない。この「転向」も、そうしないと、送金を打ち切ると言われて、転向したのであって、太宰の非合法活動といわれるものは、決して信念、信条によるものではなかった、と私は考える。だから「転向」は「光栄ある十字架」ではなく「灰色の黙殺」と自覚していたのである。

「黄金風景」という作品がある。これはある意味で太宰治の名作の一つといってよい。

お慶という津島家の女中さんだった女性の話である。「私は子供のときには、余り質のいい方ではなかった。女中をいじめた。私は、のろくさいことは嫌いで、それゆえ、のろくさい女中を殊にもいじめた。お慶は、のろくさい女中である。林檎の皮をむかせても、むきながら何を考えているのか、二度も三度も手を休めて、おい、とその度毎にきびしく声を掛けてやらないと、片手に林檎、片手にナイフを持ったまま、いつまでも、ぼんやりしているのだ」とはじまり、言いつけた仕事がはかどらないのに癇癪をおこして「お慶を蹴った。たしかに肩を蹴った筈なのに、お慶は右の頬をおさえ、がばと泣き伏し、泣き泣きいった。「親にさえ顔を踏まれたことはない。一生おぼえております。」うめくような口調で、とぎれ、とぎれそういったので、私は、流石《さすが》にいやな気がした。そのほかにも、私はほとんどそれが天命でもあるかのように、お慶をいびった。いまでも、多少はそうであるが、私には無智な魯鈍の者は、とても堪忍できぬのだ」。これが作者の回想する過去である。私は太宰治の無智な魯鈍の者に対する嫌悪感は若い時期だけでなく、生涯もち続けた気質のように考えているが、それはともかくとして、このお慶と太宰が再会する。太宰が船橋に住んでいたころ、戸籍調べの巡査に津軽の訛りがあった。巡査との話のやりとりの末、巡査はKで馬車屋をしていたと言い、「お慶がいつもあなたのお噂をしています」

「お慶ですよ。お忘れでしょう。お宅の女中をしていた――」とつけ加える。巡査はお慶と結婚していた。「思い出した。ああ、と思わずうめいて、私は玄関の式台にしゃがんだまま、頭をたれて、その二十年まえ、のろくさかったひとりの女中に対しての私の悪行が、ひとつひとつ、はっきり思い出され、ほとんど座に耐えかねた」とある。今度の公休にはきっと一緒にお礼にあがります、と巡査は言う。

「それから、三日たって、私が仕事のことよりも、金銭のことで思い悩み、うちにじっとして居れなくて、竹のステッキ持って、海へ出ようと、玄関の戸をがらがらあけたら、外に三人、浴衣着た父と母と、赤い洋服着た女の子と、絵のように美しく並んで立っていた。お慶の家族である」。「お慶は、品のいい中年の奥さんになっていた。八つの子は、女中のころのお慶によく似た顔をしていて、うすのろらしい濁った眼でぼんやり私を見上げていた。私はかなしく、お慶がまだひとことも言い出さぬうち、逃げるように、海浜へ飛び出した」。

「うみぎしに出て、私は立止まった。見よ、前方に平和の図がある。お慶親子三人、のどかに海に石の投げっこしては笑い興じている。声がここまで聞えて来る。

「なかなか、」お巡りは、うんと力こめて石をほうって、「頭のよさそうな方じゃないか。

あのひとは、いまに偉くなるぞ。」

「そうですとも、そうですとも。」お慶の誇らしげな高い声である。「あのかたは、お小さいときからひとり変って居られた。目下のものにもそれは親切に、目をかけて下すった。」

私は立ったまま泣いていた。けわしい興奮が、涙で、まるで気持よく溶け去ってしまうのだ。

負けた。これは、いいことだ。そうなければ、いけないのだ。かれらの勝利は、また私のあすの出発にも、光を与える」。

このように、この小説は終る。たしかにこれは太宰が負け、お慶が勝った話である。かなり爽やかな作品といってよいだろう。ただ、ここにも太宰の強烈な身分意識、階級意識を私は感じるのだが、どうだろうか。それと同時に、太宰が、身分意識、階級意識をもっていることを自覚し、富豪の出自であることを恥じていることも間違いない。ここには強烈な身分意識、階級意識とそれを恥じる意識との両方をかかえている、矛盾した心の風景を私はみている。同様に、太宰治の贋貴族意識は「津軽の百姓」という意識とないまぜになっている。

こうしたさまざまな意識の錯雑した心から、太宰治の生き方が決まり、創作が生まれたのだと私は考える。

＊

太宰治は疎外感を抱き、人間愛に飢えていた。その太宰治が心から安らぎを覚えることができる場所は、かつて津島家に仕えていたような人々であった。その他の社会一般に対しては、太宰は、これまで記してきたような、二重、三重の矛盾をかかえた心で立ち向かわなければならなかった。男爵と同様、この社会一般と折り合いをつけて生きてゆくことは容易なことではなかった。道化てみたり、いろいろ折り合いをつけるために苦労もしたりもするけれども、自分自身をさえもてあまし、おのれ一人の死場所をうろうろ探し求めて、狂奔していただけのような体験をかさねた。その敗北、挫折の物語が『人間失格』であろうと私は考えている。しかし、というべきか、あるいは、それだから、というべきか、迷うけれども、社会人としての太宰治は社交にさいしてじつにやさしく他人に接した人であったにちがいない、と私は考える。たとえば「たずねびと」という作品がある。一九四五（昭和二十）年七月、金木へ一家がひきあげる途中、さんざんな苦労をするが、食糧がなく、もう餓死に決まった、と覚悟し、「蒸しパンでもあるといいんだがなあ」と絶望の声をあげると、「蒸しパンなら、あの、わたくし……」といって蒸しパンを恵んでくれた若い女性がいた。その女性を探しだして、お礼を言いたい、というのがこの小説の主題である。その末尾に一種の憎しみをふくめ、「お嬢さん。あの時は、たすかりました。あの時の乞食は、私です」と作者は言いたいという。「乞食」とはずいぶん誇張した卑下だが、そう感じるほどに太宰治は人情、人間愛にふれると心が熱くなり、心が熱くなることに一種の憎しみを感じるような人格であったと私は考える。

太宰治の作品を読みかえし、どの作品がもっとも好きか、と自ら問いかけて、「桜桃」であろう、という結論に達した。知られているとおり、この短篇は「子供より親が大事、と思いたい。子供のために、などと古風な道学者みたいな事を殊勝らしく考えてみても、何、子供よりも、その親のほうが弱いのだ。少くとも、私の家庭に於いては、そうである」とはじまる。途中を省略して、結末を読むこととする。

「ああ、誰かひとり、雇ってくれたらいい。母が末の子を背負って、用足しに外に出かけると、父はあとの二人の子の世話を見なければならぬ。そうして、来客が毎日、きまって十人くらいずつある。

「仕事部屋のほうへ、出かけたいんだけど。」

「これからですか？」

「そう。どうしても、今夜のうちに書上げなければならない仕事があるんだ。」

それは嘘でなかった。しかし、家の中の憂鬱から、のがれたい気もあったのである。

「今夜は、私、妹のところへ行って来たいと思っているのですけど。」

それも、私は知っていた。妹は重態なのだ。しかし、女房が見舞いに行けば、私は子供のお守りをしていなければならぬ。

「だから、ひとを雇って、……」

言いかけて、私は、よした。女房の身内のひとの事に少しでも、ふれると、ひどく二人の気持がややこしくなる。

生きるという事は、たいへんな事だ。あちこちから鎖がからまっていて、少しでも動くと、血が噴き出す。

私は黙って立って、六畳間の机の引出しから稿料のはいっている封筒を取り出し、袂につっ込んで、それから原稿用紙と辞典を黒い風呂敷に包み、物体でないみたいに、ふわりと外に出る。

もう、仕事どころではない。自殺の事ばかり考えている。そうして、酒を飲む場所へまっすぐに行く。

「いらっしゃい。」

「飲もう。きょうはまた、ばかに綺麗な縞を、……」

「わるくないでしょう？　あなたの好《す》く縞だと思っていたの。」

「きょうは夫婦喧嘩でね、陰にこもってやりきれねえんだ。飲もう。今夜は泊るぜ。だんぜん泊る。」

子供より親が大事、と思いたい。子供よりも、その親のほうが弱いのだ。

桜桃《おうとう》が出た。

私の家では、子供たちに、ぜいたくなものを食べさせない。子供たちは、桜桃など、見た事も無いかも知れない。食べさせたら、よろこぶだろう。父が持って帰ったら、よろこぶだろう。蔓《つる》を糸でつないで、首にかけると、桜桃は、珊瑚の首飾のように見えるだろう。

しかし、父は、大皿に盛られた桜桃を、極めてまずそうに食べては種を吐き、食べては種を吐き、食べては種を吐き、そうして心の中で虚勢みたいに呟く言葉は、子供よりも親が大事」。

ちょっとお涙頂戴といった感じさえする美しい子供への愛情ではないか。子供よりも親が大事、と言いながら、そんな言葉は「虚勢」なのだ、と思い、子供へのあふれる愛情に作者は涙ぐんでいるようにさえみえる。私はここに太宰治の人間愛をみ、感動する。

ところで、この小説の中で、太宰は次のように語っている。

「私は家庭に在っては、いつも冗談を言っている。それこそ「心には悩みわずらう」事の多いゆえに、

「おもてには快楽《けらく》」をよそわざるを得ない、とでも言おうか。いや、家庭に在る時ばかりでなく、私は人に接する時でも、心がどんなにつらくても、からだがどんなに苦しくても、ほとんど必死で、楽しい雰囲気を創る事に努力する。そうして、客とわかれた後、私は疲労によろめき、お金の事、道徳の事、自殺の事を考える」。

私は、こうして太宰治が社会と折り合いをつけるためにつとめていたのだ、と思い知り、感慨に耽るのである。

（太宰治の作品の引用は、ちくま文庫版『太宰治全集』による。ただし、ルビは適宜省いた）。

後記

本書に収めた文章の初出等は次のとおりである。

1　「イザベラ・バード『日本紀行』について（その一）」――『ユリイカ』二〇一四年一〇月号

2　「イザベラ・バード『日本紀行』について（その二）」――『ユリイカ』二〇一四年一一月号

3　「P・クロポトキン自伝について（その一）」――『ユリイカ』二〇一五年一月号

4　「P・クロポトキン自伝について（その二）」――『ユリイカ』二〇一五

年二月号

5 「柿本人麻呂——石見相聞歌」——伊藤博著『萬葉集釋注一』解説　二〇〇五年一月　集英社文庫

6 「源実朝『金槐和歌集』」——書き下ろし

7 「加藤楸邨という小宇宙」——『加藤楸邨句集』解説　二〇一二年五月　岩波文庫

8 「太宰治について」——三鷹ネットワーク大学講座「太宰を読む　百夜百冊」第一〇〇回講演原稿　二〇一三年五月二六日

右のとおり私の雑多な読書の感想を与えられた機会に執筆し、発表したものを主としている。

イザベラ・バードの『日本紀行』については、その冒頭に記したとおり、明治維新直後に来日した外国人が日本の庶民をどう見たかに関心があった。

クロポトキン自伝は、とうに書きあげたが、いろいろの事情で刊行が遅れている『石川啄木論』の余滴のような文章である。

万葉集は旧制中学時代から若干拾い読みしてきたが、旧制一高一年のとき五味智英教授から教えられた石見相聞歌の名講義、教授の朗々たる朗誦が忘れがたい。以来、私は関心をもち続けてきたので、私の多年の詩作の経験をふまえて、解説の文章にかえさせていただいたものである。

『金槐和歌集』については、小林秀雄の「実朝」に衝撃をうけて以来、考え続け、どうしても釈然としないので、このさい、書き下ろして本書に収めることにした。

加藤楸邨は私の若いころから好きな俳人だったが、安東次男に連れられて楸邨にしばしばお目にかかり、その人間性に魅せられ、最晩年に至るまでのその句境の深さ、広さに接することとなった。そこで、依頼をうけた機会に、短いながら私の考えている楸邨論の輪廓を記した文章である。

太宰治については、やはり若いころから親しんできたが、到底論じることはできない、私には難解な文学者である。どういうわけか、講演をひきうけてしまったので、その原稿を用意したが、実際の講演ではこの三分の一ほどしか話していない。決して満足できるような論考ではないけれども、原稿のまま眠らせておくのも残念なので、本書に収めることにしたものである。
こうして統一性のない読書を私は随時愉しんできた。読書をどう愉しむかは人によりさまざまでありうる。本書に記した愉しみに触発されて、読者の方々がそれぞれの読書の愉しみを見いだしてくださることを私は期待している。

なお、『ユリイカ』連載中は明石陽介さんのお世話になり、本書の出版については青土社清水一人社長、篠原一平さんのお世話になり、校閲については染谷仁子さんにご面倒をおかけした。これらの方々にお礼を申し上げたい。

二〇一六年六月一日

中村　稔

読書の愉しみ

2016年7月25日　第1刷印刷
2016年7月30日　第1刷発行

著者――中村 稔

発行人――清水一人
発行所――青土社
東京都千代田区神田神保町1-29　市瀬ビル　〒101-0051
電話　03-3291-9831（編集）、03-3294-7829（営業）
振替　00190-7-192955

本文印刷――ディグ
表紙印刷――方英社
製本――小泉製本

装幀――菊地信義

ISBN978-4-7917-6942-1　Printed in Japan

中村稔の本

詩集

新輯 うばら抄 二三三〇円

新輯・幻花抄 一八〇〇円

随想集

日の匂い 一七四八円

スギの下かげ 一八〇〇円

人間に関する断章 二二〇〇円

食卓の愉しみについて 一九〇〇円

古今周遊 二二〇〇円

評論

西鶴を読む 二四〇〇円

萩原朔太郎論 三二〇〇円

芥川龍之介考 二二〇〇円